Flavio de Souza

ANTES E DEPOIS

Um dia decisivo na vida
de grandes brasileiros,
quando pequenos

ilustrações
Daniel Almeida

2ª EDIÇÃO
1ª REIMPRESSÃO

Companhia das Letrinhas

Grafia atualizada segundo o Acordo Ortográfico da Língua Portuguesa de 1990, que entrou em vigor no Brasil em 2009.

Todos os fatos referentes à vida das personalidades abordadas e à história do Brasil que aparecem neste livro são verdadeiros. No entanto, as situações em que aparecem cada um dos personagens são inventadas e fazem parte do contexto da ficção.

CRÉDITOS DAS IMAGENS DE CAPA:
Pedro de Alcântara: Acervo da Fundação Biblioteca Nacional — Brasil
Chiquinha Gonzaga: Acervo Chiquinha Gonzaga/ Instituto Moreira Salles
Lima Barreto e Machado de Assis: Acervo Iconographia
Monteiro Lobato: © Monteiro Lobato — Todos os direitos reservados
Mário de Andrade: Coleção Mário de Andrade. Arquivo fotográfico do Acervo do Instituto de Estudos Brasileiros — USP
Maria Lenk: Equipe AE/Estadão Conteúdo
Machado de Assis: Acervo Iconographia

PREPARAÇÃO: Thais Rimkus

REVISÃO: Viviane T. Mendes e Thaís Totino Richter

COMPOSIÇÃO: Tânia Maria • acomte

TRATAMENTO DE IMAGEM: M Gallego • Studio de Artes Gráficas

Dados Internacionais de Catalogação na Publicação (CIP)
(Câmara Brasileira do Livro, SP, Brasil)

Souza, Flavio de
Antes e depois : Um dia decisivo na vida de grandes brasileiros, quando pequenos / Flavio de Souza ; ilustrações de Daniel Almeida — 2ª ed. — São Paulo : Companhia das Letrinhas, 2018.

ISBN 978-85-7406-840-4

1. Literatura infantojuvenil I. Almeida, Daniel. II. Título.

14-09897 CDD-028.5

Índices para catálogo sistemático:
1. Literatura infantil 028.5
2. Literatura infantojuvenil 028.5

2018
Todos os direitos desta edição reservados à
EDITORA SCHWARCZ S.A.
Rua Bandeira Paulista, 702, cj. 32
04532-002 — São Paulo — SP — Brasil
(11) 3707-3500
www.companhiadasletrinhas.com.br
www.blogdaletrinhas.com.br
/companhiadasletrinhas
companhiadasletrinhas

Para a Bebel, que tem o nome da princesa que participa bastante deste livro. Que a sua vida seja cheia de liberdade.
F. S.

SUMÁRIO

PRÓLOGO — UM DIA ESPECIAL DA VIDA DE SETE BRASILEIROS ESPECIALMENTE ESPECIAIS

Antes de mais nada, este livro é mais de histórias que histórico. Mesmo sem deixar de conter fatos reais.

Aqui vamos falar de sete vidas. Sete brasileiros. Sete dias que mudaram sete vidas. Ao mesmo tempo, esses dias também mudaram a vida de milhares, milhões de brasileiros. Continuam mudando. E ainda mudarão.

Alguns personagens são mais conhecidos que outros. Alguns já tiveram sua imagem impressa em cédulas de nosso dinheiro. E os que não tiveram deveriam ter tido.

Estas sete histórias de vida têm a ver com a liberdade — a falta dela e a luta por ela. As sete histórias também têm a ver com preconceito. Algumas das pessoas retratadas sofreram com esse mal da humanidade. A maioria fez muito para que a liberdade fosse um direito de todos no Brasil.

Todos os habitantes de uma nação são importantes; a vida de todas as pessoas é especial e poderia ser contada em um livro de maneira interessante. No entanto, as histórias de algumas pessoas serviram e continuam servindo de exemplo para muitas outras, por isso são destaque.

Algumas pessoas continuam a ser lembradas por todos, mesmo tempos depois de morrer. Porque realizaram façanhas. Tiveram oportunidade de criar, desenvolver e executar obras que se tornaram clássicas por sua qualidade. Por sua inovação. Por seu pioneirismo.

Algumas das sete pessoas reais deste livro não criaram obras de arte, mas atuaram modificando a vida de muita gente. Servindo de exemplo. Divulgando coisas importantes. Mostrando possibilidades.

Neste livro, o mais importante e principal é o relato de um dia específico na vida dessas sete pessoas. Um dia que determinou como seriam todos os outros dias da vida delas. E o resto de cada história foi escolhido para mostrar como a vida desses sete brasileiros era antes e como ficou depois do dia fatídico.

VERDADE VERDADEIRAMENTE VERDADEIRA?

— Não é verdade.
— Não é? Verdade?
— Não é. Verdade.
— Não, é verdade.
— Não! É verdade?
— Não? É! Verdade!

Pequenos detalhes podem mudar frases faladas, gravadas ou escritas. Quem escuta pode não ouvir direito; quem digita, revisa e edita pode comer mosca. Como é possível saber perfeitamente, de maneira exata, sem sombra de dúvida, o que alguém quis contar?

Será que existe mesmo a verdade que é totalmente verdadeira, sem nem um pingo de mentira, distorção ou adaptação?

Será que algumas das informações nos livros de história não são invenções dos autores que ficaram sabendo dos fatos através do relato escrito ou falado de pessoas que viram os fatos acontecerem; ou de pessoas que ouviram de outras pessoas que viram os fatos acontecerem; ou de pessoas que ouviram de outras pessoas que ouviram de outras pessoas que viram os fatos acontecerem; ou seja, de segunda, terceira ou quarta mãos?

Será que mesmo nos relatos históricos as pessoas não inventaram, aumentaram, acrescentaram nem modificaram um pouco os fatos e esqueceram que estavam fazendo isso?

Por exemplo, não dá para negar que no dia 7 de setembro de 1822 o imperador d. Pedro I declarou o Brasil independente de Portugal. Mas será que ele estava mesmo em um grande e belo cavalo, às margens do rio Ipiranga, e levantou a espada e gritou "Independência ou morte?", como está pintado em um famoso quadro de Pedro Américo?

Assim, para contar as sete histórias deste livro, o autor criou "molduras", novos contornos para os quadros históricos, mas todos os fatos que falam da vida e da história desses personagens reais foram pesquisados e são o mais fiel possível à realidade. É claro que, assim como muitos outros escritores, ele recebeu as informações de segunda, terceira, quarta mãos e pode ter cometido erros não intencionais.

E por que os personagens estão enquadrados em molduras tão diferentes? Pelo mesmo motivo que as pessoas colocam quadros de pintores medievais em molduras com volumes trabalhados em dourado e quadros de pintores modernistas em molduras simples, sem enfeites. Ou seja, o que acontece antes e depois da coroação de d. Pedro, o primeiro e último imperador brasileiro nascido aqui, vai bem em uma farsa inventada pelo autor deste livro com tom de comédia carregado; o argumento de um filme combina com os lances cinematográficos da vida alvoroçada, comovente e intrépida do poeta, advogado e abolicionista Luiz Gama; uma comédia teatral musical também inventada pelo autor tem tudo a ver com Chiquinha, que, entre muitas outras funções, era compositora e foi precursora na história da música erudita e popular do Brasil; uma conversa — totalmente criada pela imaginação deste que vos fala — de Lima Barreto com o porteiro do céu é a cara do escritor cheio de graça, ironia e irreverência; um bate-papo com aquela que o autor inventou ser a inspiração de Lobato para a personagem central do Sítio do Picapau Amarelo na varanda de um sítio, com direito a rede, comes e bebes, é o cenário ideal para falar de Monteiro Lobato; um programa de TV educativo também totalmente inventado combina com Mário, que, além de artista de vanguarda, inovador, corajoso e desbravador, foi professor e criou os parques infantis municipais paulistanos; e uma entrevista com Maria Lenk, criada pelo autor deste livro mas aproveitando frases ditas por ela, é a melhor maneira de deixar a maior nadadora brasileira falar à vontade sobre sua vida.

A VERDADE EM VÁRIAS VERSÕES

Em duas das sete histórias, as palavras dos próprios personagens foram usadas como base para a narrativa: uma carta de Luiz Gama, o famoso ex-escravo que se tornou advogado e defensor da abolição, e as respostas para uma entrevista de Maria Lenk, que fez as declarações aqui reproduzidas ao longo de sua vida nos mais diversos meios de comunicação. A parte das perguntas da entrevista de Maria Lenk, assim como as suas falas, foi reescrita, mas os trechos da carta aparecem exatamente como Luiz Gama escreveu. De qualquer maneira, quem garante que ele não errou sem querer ao contar a história de sua vida? Ele pode ter esquecido detalhes, se confundido ou modificado um pouco sua vida por algum motivo que não saberemos ao certo, não?

É sabido, por exemplo, que escritores como o belga Georges Simenon, ao narrar suas memórias, contaram fatos de sua vida de duas ou três maneiras bem diferentes...

MAIS SENSACIONAL, INCRÍVEL E INTERESSANTE

Talvez algumas dessas verdadeiras mentiras façam parte deste livro. Mas, como dissemos, só nos detalhes. Os acontecimentos relatados mais importantes são comprovados. Vamos a eles:

1) Pedro de Alcântara foi mesmo coroado imperador do Brasil aos catorze anos.

2) Luiz Gama realmente foi vendido como escravo pelo próprio pai, aos dez anos, e foi a pé de Santos a Campinas.

3) Chiquinha Gonzaga começou a compor quando ainda era muito jovem.

4) Lima Barreto de fato presenciou a festa da Abolição quando tinha sete anos e teve que abandonar o sonho de ser engenheiro.

5) Monteiro Lobato desistiu do sonho de ser pintor.

6) Mário de Andrade abdicou, sem dúvida alguma, da ideia de ser pianista concertista por ficar traumatizado com a morte de um de seus irmãos, causada por uma bolada na cabeça durante uma pelada.

7) Maria Lenk se tornou uma das maiores atletas do Brasil devido a uma pneumonia.

A maneira como esses acontecimentos se deram em um dia muito especial da vida dos sete brasileiros foi pesquisada e revisada. Fora os detalhes de invenção literária, tudo aconteceu mesmo, e essas histórias reais provam que, às vezes, a vida das pessoas é mais sensacional, incrível e interessante que as histórias inventadas pelos seres humanos...

PEDRO DE ALCÂNTARA,
O PEQUENO HERDEIRO DA NAÇÃO
TRECHOS ESCOLHIDOS
DO DIÁRIO DE UM VAMPIRO

INTRODUÇÃO — SÓ QUEM É PODE SABER

Quem sabe o que significa viver há mais de setecentos anos?

Quem conhece o tédio de ver os mesmos erros sendo cometidos, geração após geração?

Quem consegue entender o que é renascer de sessenta em sessenta anos, fingindo ter morrido e se apresentando como filho de si mesmo?

Quem tem noção do que é ser jovem para sempre?

Só quem é como eu. Um vampiro. Não um mocinho de filme açucarado ou de seriado engraçado. Sim, um morto-vivo sanguessuga.

Nós, os vampiros, não morremos, ainda que mortais corajosos possam nos transformar em morcegos, estátuas de pedra ou fumaça. Como isso acontece não posso revelar, primeiro porque demandaria muito tempo, segundo porque estou proibido de registrar esses processos, terceiro porque você que está lendo, por exemplo, pode se inspirar e se tornar um novo Helsing, um caçador de pobres imortais como eu.

Não direi minha nacionalidade, mas imagino que meu patético orgulho patriótico tenha me levado a deixar pistas nas anotações diárias.

MESTRE DE ETIQUETA

Para viver em meio a mortais sem levantar suspeitas, tenho que parecer sempre preocupado com dinheiro, encontros amorosos e poder, além de demonstrar medo de envelhecer e morrer. Sempre mudo de país, nacionalidade, nome, biografia e também de profissão.

Aconteceu-me, então, de viver dentro dos muros da corte real portuguesa durante quase todo o século 19, empregado como mestre de etiqueta (ou seja, boas maneiras) para o herdeiro da coroa e seu irmão, já que o mais novo poderia sobreviver ao mais velho e tornar-se, assim, o herdeiro seguinte.

FIDELIDADE NO GERAL, NEM TANTO NOS DETALHES

Na época dos fatos aqui relatados, ainda não havia nenhum tipo de gravador, e minha memória é boa, mas não fotográfica. Fiz anotações diariamente antes de dormir, portanto, horas depois dos ocorridos. Com tanta gente tagarelando à minha volta (na maioria das vezes coisas sem o menor interesse e o menor sentido), posso ter misturado frases de um com frases de outro e possivelmente até parágrafos inteiros saídos de uma boca com os saídos de outras bocas.

Mas a falta de fidelidade absoluta se deve também a mais quatro fatos:

1) Não me lembrei do exato diálogo, por exemplo, entre d. João e d. Carlota Joaquina, palavra por palavra, palavrão por palavrão.

2) Não me contive e coloquei no papel coisas que ouvi apenas em minha imaginação — e meu senso de humor não é dos mais bondosos.

3) Fiz uma boa faxina nos escritos quando decidi contar um pouco da história do pobre pequeno príncipe, já que, quando fiz as anotações no diário, não tomei cuidado com a linguagem, porque não imaginei que haveria outro leitor que não eu mesmo.

4) Mudei palavras e expressões da época e até parágrafos inteiros, porque certamente não serei lido por ninguém dos tempos passados e porque espero ser lido por mortais vivos no século 21.

O ASSUNTO PRINCIPAL

Quem vê a grande maioria dos retratos de Pedro de Alcântara pode ficar na dúvida se algum dia aquele senhor barbado foi uma criança. É claro que foi, e, do ponto de vista material, sua infância foi das melhores. No entanto, no âmbito afetivo, psicológico e social, dificilmente poderia ter sido pior.

Tratado como um projeto de rei desde que saiu do útero da mãe, Pedro de Alcântara foi preparado para substituir o pai no trono. Como tinha personalidade dócil e tranquila, aceitou todas as obrigações, as restrições e até as proibições que sua situação lhe trouxe.

D. Pedro II nunca se rebelou. Aparentemente nunca burlou nenhuma das leis do protocolo. Nunca demonstrou publicamente insatisfação, inconformismo nem raiva com a gaiola de ouro em que foi criado e mantido até ser proibido de permanecer no país do qual tinha sido, de certa maneira, dono.

A seleção dos trechos reunidos em "Antecedentes", a seguir, mostra parte da construção do berço esplêndido em que foi colocado o menino e a razão de ainda existir, até o fim do século em que quase toda a América se libertou de seus colonizadores, um monarca dotado de físico, cultura, ideias e modos europeus no mais tropicalista dos países tropicais. E a parte chamada "Descendentes" dá uma breve visão das cenas de que o personagem participou no teatro do mundo ocidental.

ANTECEDENTES

Napoleão Bonaparte espalha-se Europa afora *18 de maio de 1804*

Ensinar boas maneiras para dois cavalos seria mais fácil que para os príncipes d. Pedrinho e d. Miguelito. Pensando bem, não é só difícil, é impossível. Porque ambos são potros selvagens.

O que não é de se estranhar, considerando que foram criados por aquela espanhola mais insana e insensata que a sogra, que foi oficialmente declarada doida. Quer dizer, foram mal educados ou deseducados por essa mãe, que tem um par de castanholas como lábios e a língua tão venenosa quanto a da mais peçonhenta das serpentes.

Toda vez que me encontro a menos de cinquenta metros de d. Carlota Joaquina agradeço à divina providência, que fez que a rainha não aceitasse a sugestão do marido de que sua senhora fosse também minha pupila.

Aliás, anoto aqui um perfeito estratagema para convencer d. Carlota a aceitar seja lá o que for: basta citar o fato — real ou não — de d. João ter se mostrado contra.

Foi dessa maneira que me safei de cuidar da etiqueta das seis filhas Marias, chamadas, por ordem de idade: Maria Teresa, Maria Isabel, Maria Francisca, Isabel Maria, Maria da Assunção e Ana de Jesus Maria.

Espero que o pai do herdeiro do trono não perceba o quanto é inútil manter-me em sua folha de pagamento, pois é inútil ter um mestre de etiqueta se os alunos são delinquentes. Mas, pelo menos por enquanto, não desejo perder essa posição na corte lusitana.

O dia teria sido um completo bocejo se não fosse pela notícia de que Napoleão Bonaparte coroou a si mesmo imperador da França. Quem diria que isso aconteceria, sem guerra civil, apenas onze anos depois da queda da Bastilha e de Luís XVI e Maria Antonieta perderem a cabeça na guilhotina?

Para onde foram as conquistas da revolução: igualdade, liberdade e fraternidade? Ao que tudo indica, a liberdade ficará reservada aos que obedecerem cegamente ao baixinho espevitado, a fraternidade irá se restringir à distribuição que o corso — ou corsário? — fará dos pedaços de seu império para seus irmãos de sangue, e a igualdade irá valer para toda a população — todos, sem exceção, terão o mesmo direito a não ter direitos!

Esse senhor tem pequena estatura, grande amor-próprio e confiança em si mesmo, enorme poder de governar, gigantesca capacidade de guerrear e conquistar, e monumental pretensão. Ele vai longe.

Porém, eu já vi essa história acontecer várias vezes. Uma hora ele irá longe demais...

Vou ou não vou, esta é a questão!

12 de agosto de 1807

Napoleão Bonaparte cravou a coroa na cabeça de sua esposa, Josefina, mas quem sentiu as enxaquecas foram os governantes de meia Europa. Com exceção do rei Jorge III, que, de acordo com os boatos, vai pelo mesmo caminho de d. Maria I de Portugal, ou seja, para a insensatez completa. Seja como for, o império britânico não só não se curvou diante do reizinho francês, como ameaça estragar sua brincadeira de domínio em efeito dominó.

D. João continua feito artista saltimbanco, equilibrando-se sobre uma muralha, com um precipício de cada lado. Será que o príncipe regente não se dá conta de que está mais vulnerável que nunca? Não há nada mais fácil que derrubar um gato de um muro, basta uma pedrada! Ou será que é mais duro do que se pensa, pegar o gato no pulo?

Difícil e perigosa escolha saber se d. João deve se tornar personagem da peça *Rei João*, do inglês Shakespeare, ou da do francês Molière chamada *Don Juan*, cuja tradução é *Dom D. João*...

As dúvidas pairam no ar em volta da cabeça do futuro rei de Portugal como mariposas rodeiam um lampião. E, disso tudo, o que mais me interessa é saber se o infante d. Pedrinho vai para o hemisfério sul ou fica, agora que ele é meu único pupilo, desde que seu irmão mais novo, d. Miguelito, foi proibido pela mãe de presenciar minhas aulas.

Juro por tudo que me é mais sagrado que não tive nada a ver com isso. É claro que minha vida ficou bem mais sossegada sem um dos pequenos ogros — e, justamente, sem o mais selvagem deles. Mas, veja só, eu apenas deixei escapar na presença da espanhola mentecapta que seu marido estava muito satisfeito com os novos modos de comportamento de d. Miguelito...

Se o príncipe regente pretende ou não ir para o fim de mundo tropical, não é minha preocupação. Se a família real for ao Brasil, Portugal ficará ao Deus dará, e será um Deus nos acuda. Mas há a opção de ir apenas o infante herdeiro. D. Pedrinho pode ficar ou zarpar, e eu, se quiser manter meu emprego e meu salário, posso ir junto ou ficar. Essa é a única questão que me interessa e me preocupa.

Bombas sobre Zelândia e Amader

4 de setembro de 1807

O último morcego me trouxe uma notícia estarrecedora. Pelo terceiro dia consecutivo, os ingleses bombardearam Copenhague, capital da Dinamarca. Um terço da cidade — construída sobre as ilhas Zelândia e Amader — foi ao chão, mais de mil civis irão para debaixo da terra.

O ataque mostrou que está errado quem acha que pode se pôr ao lado de Napoleão e, portanto, contra piratas do rei Jorge, sem sofrer as consequências.

Por falar nisso, terminou há três dias o prazo dado pelo conquistador francês para d. João fechar os portos aos ingleses... ou sofrer as consequências. Esse ultimato teve a aprovação de Carlos I, rei da Espanha e, por coincidência, pai de d. Carlota. E ainda há quem não acredite na maledicência dos sogros em relação aos genros!

Que sanguessugas, além de mim, d. João irá consentir que cravem os caninos na jugular da nação portuguesa? O monarca equilibrista ainda acha que pode fazer uma escolha de sua escolha, como "Entre o frango assado e o carneiro ensopado, fico com o peixe frito"...

O casamento forçado

12 de outubro de 1807

Lembro-me de quando assisti à comédia de Molière chamada *O casamento forçado*. Uma peça com esse nome poderia contar a história de constante desprezo e ódio entre d. João e d. Carlota Joaquina.

É sabido que casais muito ricos às vezes dormem em quartos separados.

Os pais de d. Pedrinho não são exceção. A diferença básica é que o quarto de um fica a um pouco mais de vinte e um quilômetros do quarto do outro, pois cada um está em uma cidade portuguesa.

Que incrível sensação de tranquilidade e silêncio tivemos quando nos mudamos com d. João para o mosteiro de Mafra, ficando a "d. Castanhola" instalada no palácio de Queluz. E que sorte a minha d. Pedrinho ser mais próximo ao pai e seu irmão, à mãe.

O que Napoleão quer de cada governante europeu não deixa de ser um casamento forçado. Cansado de esperar uma resposta de d. João ao ultimato do tipo "Case-se comigo ou te mato", o francês deu ordem para que seja derrubada a porta do dormitório da indecisa donzela lusitana.

A megera domada

17 de outubro de 1807

A megera domada é a mais saborosa comédia de William Shakespeare. E que melhor alcunha para a mãe de meu pupilo? D. Carlota não tem papas na língua, educação nem um pingo de refinamento, beleza ou elegância. É sempre agressiva e maldosa, provavelmente adúltera e, na maior parte do tempo, mal-humorada e violenta.

À primeira vista, pode-se imaginar que essa senhora domine totalmente o marido, mande e desmande, faça e aconteça. No entanto, o glutão bonachão mantém a esposa à distância e sob controle. Entre as várias conspirações contra d. João, a pior ocorreu há dois anos, quando ela criou um partido para dar um golpe de Estado e arrancar o poder das mãos do príncipe regente. Ao ser descoberta, a tirana espanhola foi vencida e só não foi presa porque d. João quis evitar o escândalo, ainda que a tenha confinado no palácio de Queluz.

Já Napoleão I é um osso bem mais duro de roer. Seus vinte e três mil soldados entraram hoje com tudo em solo português, sob comando de Jean-Andoche Junot, militar que já passou um tempo por aqui como diplomata.

No entanto, nosso equilibrista ainda oscila entre ir ou ficar. Esperamos que não caia do arame, levando-nos junto na queda.

A tempestade

24 de novembro de 1807

Quando uma quadrilha de assaltantes está prestes a invadir sua casa pela porta da frente, o jeito é sair correndo pela porta dos fundos. No caso de

Portugal, atrás está o oceano Atlântico, e o jeito é fugir para o grande quintal do Império, aquele local chamado Brasil.

Na surdina, a evasão real é preparada. Que maneira covarde nosso governante escolheu para salvar seu gordo pescoço, o de sua família e o de seus cortesãos, deixando o resto da população no escuro, abandonada à própria sorte, só se dando conta quando a corja — da qual faço parte — já estiver a bordo das naus da fuga.

Isso me faz lembrar a última peça escrita por Shakespeare, *A tempestade*, na qual o protagonista e duque de Milão, chamado Próspero, é traído por seu irmão, também herdeiro do título, e, em plena escuridão da noite, é colocado em uma embarcação com sua filha Miranda e mandado para o exílio.

Tempestade é também o apelido de Junot, que avança com vinte e três mil soldados franceses solo português adentro.

O equilibrista finalmente decidiu: vamos partir para o admirável novo mundo de mala e cuia e o rabo entre as pernas!

O último a chegar ao porto é um asno!

27 de novembro de 1807

Este dia certamente ficará gravado como uma mancha de banha de porco numa página do livro da história dessa nação.

O povo, junto ao porto, assistiu de boca aberta e coração partido a várias obras de Molière e Shakespeare ao mesmo tempo. Nas primeiras horas de um dia chuvoso, o embarque nas naus que nos levarão ao Brasil foi uma mistura de *Noite de reis*, *As preciosas ridículas*, *Os importunos*, *O burguês fidalgo* e, principalmente, *A comédia dos erros*.

A família real, camuflada em uma carruagem modesta, vai às pressas rumo ao cais. D. João embarca com sua mãe e seus dois filhos na nau *Príncipe Real*. D. Carlota Joaquina viajará na *Alfonso de Albuquerque*, acompanhada das seis Marias.

D. MARIA I Para onde vamos com tanta pressa, João?

D. JOÃO Vamos dar um passeio pelo mar, mamãe.

D. CARLOTA JOAQUINA Bravo! Alimente a demência da velha.

D. MARIA I Já que estamos cá, vamos. Mas lembre-se de perguntar para sua genitora, que por acaso é a rainha de Portugal, se ela deseja passear.

D. CARLOTA JOAQUINA Ai, minhas castanholas! Não basta viajar em outra nau. Devia ter dado ordens para que fosse providenciada outra carruagem.

D. JOÃO Não está apreciando a primeira etapa da viagem? Desça e vá a pé! Ou na garupa de sua vassoura voadora.

D. CARLOTA JOAQUINA Isso não são modos de falar com uma futura rainha! Boçal!

D. MARIA I Futura rainha de onde? De Sabá?

D. MIGUELITO Não, de toda a América espanhola!

D. CARLOTA JOAQUINA Cale-se, meu burrinho adorado!

D. JOÃO Não se importe em disfarçar, minha esposa. Conheço cada um de seus planos maquiavélicos, querida traíra.

D. CARLOTA JOAQUINA Não sei do que estás aí a balir. Bode cabrão!

D. MARIA ISABEL Os bodes não balem, quem bale são os carneiros.

D. CARLOTA JOAQUINA E meninas que não querem levar bofetões não falam. Imbecil!

D. PEDRINHO Posso brincar com minha espada?

D. MARIA I Não deixem!

D. PEDRINHO Eu vou matar uma baleia no alto-mar!

D. MIGUELITO E eu vou matar um urso!

D. MARIA ISABEL Em pleno mar?

D. PEDRINHO Eu vou é caçar uma sereia!

D. CARLOTA JOAQUINA Não comece com suas imundícies! Tarado!

D. JOÃO As imundícies estão reservadas para outro alguém?

D. CARLOTA JOAQUINA Estão! Para a senhora sua mãe. Poltrão!

D. MARIA FRANCISCA O que são imundícies?

D. ISABEL MARIA Coisas que são imundas de tão sujas, o que mais?

D. MIGUELITO Tem mais, muito mais do que você pode sonhar!

D. CARLOTA JOAQUINA Que gracinha de menino. Garanhão!

D. MARIA FRANCISCA Isso eu sei o que é!

D. JOÃO Alguém viu um par de frangos assados? Estavam aqui!

D. CARLOTA JOAQUINA Um porco que passou por aqui devorou. Maldito leitão!

D. JOÃO Não consigo ir até o porto sem me alimentar.

D. MARIA I Estamos a apenas alguns quarteirões. Deixe de ser guloso e maluco, querido Manuel!

D. PEDRINHO Morte a Junot!

D. MARIA I Tomem cuidado! Este meu neto é muito independente!

D. PEDRINHO Morte a Napoleão!

D. CARLOTA JOAQUINA Por que aquela lambisgoia da Josefina, e não eu, foi arrumar um marido digno desse título?

D. JOÃO É certo que o topete do pulha não chega à altura de meu umbigo.

D. CARLOTA JOAQUINA Que me importa o topete? Lorpa!

D. MARIA ISABEL Com que parte de Napoleão a senhora minha mãe se importa?

D. CARLOTA JOAQUINA Quieta, insolente! Essa mente torpe herdaste de tua avó, que está ali a babar.

D. MARIA I Por que vamos tão depressa, aos solavancos?

D. MIGUELITO Apostamos uma corrida com vinte e três mil soldados!

D. PEDRINHO E vamos vencer!

D. JOÃO Deus o ouça, filho meu. Deus o ouça!

D. MARIA TERESA A infanta Ana de Jesus Maria não quer dormir de maneira nenhuma!

D. CARLOTA JOAQUINA Invente algo, rápido! Esse resmungo está atacando meus nervos! Cretina!

D. JOÃO Faça esse favor, filha minha. Pelo menos até chegarmos ao cais.

D. MARIA TERESA Mas por que tenho que cuidar da pequena? Não pedi para ser irmã dela!

D. CARLOTA JOAQUINA Que coincidência! Não pedi para ser sua mãe! Ingrata!

D. MARIA DA ASSUNÇÃO Por que as criadas não puderam vir?

D. MARIA FRANCISCA Porque estamos fugindo do dragão Bonaparte.

D. JOÃO É graça! E não deixa de ser verdade.

D. CARLOTA JOAQUINA Bem que me aqueceria com seu fogo!

D. JOÃO Meu?

D. CARLOTA JOAQUINA Seu? Não me faça rir num momento de tanta aflição!

D. PEDRINHO Estamos chegando!

D. MARIA I Não vou sair deste quarto e muito menos entrar numa daquelas coisas medonhas! Ainda estou viva e gastei tempo demais rezando para ser mandada antes da morte ao inferno!

D. PEDRINHO O diabo está vindo com vinte e três mil capetas por ali, vó!

D. MARIA I E, além do mais, estamos indo muito depressa!

D. JOÃO Quisera eu que isso fosse verdade.

D. MARIA I Vão pensar que estamos fugindo!

Todos começam a rir e não param. Para alguns, o riso se torna choro. Está na hora de sair da carruagem e embarcar nas naus que os vão levar para uma nova vida em um mundo desconhecido.

Suspense na foz do Tejo

28 de novembro de 1807

Soube, por um morcego-correio, que o norte-americano Robert Fulton aprimorou as descobertas de seu conterrâneo John Fitch, que construiu o primeiro barco a vapor a funcionar — ainda que não bem o suficiente.

O barco de Fulton, batizado de *Clermont*, foi a oito quilômetros por hora de Nova York a Albany, em trinta e duas horas.

Todavia, nós, fugitivos de Lisboa, dependemos do ar em movimento para sair do porto e seguir rumo a nosso destino. Junot e seus homens estão nos arredores da capital e nós, as criaturas — em número incerto, mas que passa dos cinco mil — que se acotovelam em menos embarcações que o necessário, estamos ao sabor do vento.

Quatro navios de guerra ingleses estão na caravana. Serão eles defesa suficiente contra mais de vinte mil soldados? Claro que não! Além da humilhação, se formos pegos certamente seremos vítimas de muita violência, não só pelas mãos dos soldados, como dos que foram deixados para trás e, com toda razão, ficaram revoltados.

O fedor, exalado por obra do medo geral, paira no ar da foz do rio Tejo. Cada coração, dos milhares de amontoados, bate no compasso da constante dúvida: vamos ou não vamos? Vamos ou não vamos? Vamos ou não vamos...?

E "vamos" se aplica a mais de uma opção: "Vamos ou não vamos para o Brasil?", "Vamos ou não vamos enfrentar as armas do exército francês?" e "Vamos ou não vamos ser espancados até a morte?", entre outras.

O dia do vira

29 de novembro de 1807

Em pleno acanhado nascer do sol, estávamos preparando o espírito e os joelhos para suplicar clemência ao *Tempestade*, que estava para chegar, com mais de vinte mil franceses, a qualquer momento no cais.

Era questão de tempo sermos obrigados a desembarcar e sofrer todo tipo de agressão. Mesmo que antes houvesse alguma batalha envolvendo a tripulação e os canhões dos quatro navios de guerra ingleses e um mar de soldados franceses.

Em meu canto, no *Príncipe Real*, eu ensaiava mentalmente as frases em francês que usaria para pedir tratamento especial a meu pupilo, um inocente de nove anos, presente por infortúnio no tabuleiro de xadrez onde se desenrola o jogo cujos prêmios são pedaços do continente europeu.

Cruzes! Sinto no corpo, na mente e no espírito os efeitos causados pela ansiedade da situação. Para piorar, há ainda o convívio pelo terceiro dia seguido com d. Maria I, o que pode acarretar grande confusão mental e completa perda das mais básicas noções da realidade.

Paro. Respiro fundo. Acalmo-me. Volto a empunhar a pena. Escrevo.

As velas das naus estavam murchas por falta de ar em movimento, e murcho estava também nosso moral, nos fazendo sentir como animais na porta do matadouro. Eis que um marinheiro grita:

— Está cá! Está cá o vento espanhol!

Em pouco tempo estávamos navegando, lentamente a princípio. Foi então que outro marinheiro gritou:

— Está lá! Está lá o exército francês!

Os prantos de desespero se tornaram choros de alívio. Por tão pouco nos safávamos! O vento espanhol soprou mais forte e fomos nos afastando do porto.

Um terceiro marinheiro anunciou:

— Está lá, no alto da torre! Está lá um canhão!

As explosões não alcançaram nenhuma das naus de nossa frota de fuga. Só levaram aos ares uma pequena embarcação que tinha ficado para trás e que, de qualquer maneira, não deveria ir conosco.

Tinha sido dada a partida para a grande aventura da família real portuguesa!

O fado e o enfado

22 de janeiro de 1808

A viagem pelo Atlântico teve clima de fado, um tipo de música portuguesa que é o avesso do vira: tristeza, melancolia e desesperança cantadas como em um choro. A palavra "enfado" também fez parte da jornada em todos seus significados: agastamento, zanga, cansaço, impressão desagradável, mal-estar e tédio.

De Lisboa a São Salvador — nossa primeira parada no continente americano —, tivemos tempestade e calmaria, esperança e doença, epidemia de piolhos, cabeças raspadas, fome e enjoo, sede e medo.

Que alívio. Pelo menos pude comprovar que não virarei pó ao me expor à luz do sol mesmo com o abrasador calor tropical.

Parei para pensar

7 de março de 1808

Chegamos à capital da colônia, Rio de Janeiro, cujo nome adequado seria Baía de Janeiro. É impressionante como esta jovem cidade do admirável mundo novo já é tão fétida quanto Lisboa.

Cogitei seriamente me despedir de d. Pedrinho, permanecer no porto e partir na primeira oportunidade para qualquer outro canto do mundo. Me virei e dei dois passos. Parei. Então olhei para a baía, os morros, a enorme pedra junto a outra menor. Entendi a razão de tanta luta com os franceses pela posse desta terra: sua localização e sua paisagem muito mais maravilhosa que qualquer coisa que se possa imaginar.

Algo me disse que teria oportunidade de presenciar uma grande e bela transformação. E decidi ficar.

O festim de Pedro

10 de dezembro de 1813

Acabo de ler uma recém-lançada novela que contém comédia de costumes e peripécias amorosas, escrita com precisão, estilo e deliciosa ironia por uma escritora inglesa, Jane Austen, cuja existência eu até então desconhecia. Chama-se *Orgulho e preconceito*.

Que título apropriado para a maneira como se porta a família real em relação a tudo e todos desta terra tão generosa e gentil. Minto! Há duas exceções: d. João e seu filho mais próximo.

D. Pedrinho esbanja generosidade e gentileza no trato com todo tipo de gente, desde cortesãos a criados de todos os setores de serviço à corte. Em especial em seu relacionamento com as moças, as senhoras e as damas de qualquer camada da sociedade.

Por isso o título deste trecho.

Pedro. D. Pedro. Preciso me ajustar ao passar do tempo, não posso mais chamar meu pupilo de d. Pedrinho.

O infante nada infantil gosta de gente e adora cavalos. Seu amor por esses animais não se restringe a cavalgá-los. Ferreiro habilidoso, é ele quem coloca e troca suas ferraduras. Como se não bastasse, é também um marceneiro de mão cheia. Sua última obra foi feita para ele mesmo: uma mesa de bilhar.

Sei que me deixo levar pelo orgulho que sinto ao ver como aquele pequeno ogro, que conheci aos oito anos, transformou-se em um cavalheiro razoavelmente civilizado. Acho que posso me considerar um dos responsáveis por essa evolução.

Lá vai Maria Vai Com As Outras

20 de março de 1816

Primeira rainha regente de Portugal, d. Maria I, antes de ser considerada mentalmente desajustada, foi acusada de ter pouca personalidade e ser mole em suas convicções e, por essas e outras, ganhou um apelido. Ao sair para passear, amparada por suas amas, os que a viam diziam à boca pequena: "Lá vai Maria Vai Com As Outras!".

Neste dia, foi-se deste insensato mundo Maria I, a Louca.

Um de seus atos mais famosos foi a assinatura da sentença de morte de Joaquim José da Silva Xavier, mais conhecido como Tiradentes, considerado por muita gente daqui um herói.

Por motivos como esse, ao saber de sua morte, não foram poucos os que exclamaram: "Foi-se, desta para uma melhor, Maria Vai Com As Outras; desta feita, desacompanhada...".

Esposa afortunada

5 de novembro de 1817

Chegou, finalmente, d. Leopoldina. Algum tempo depois do casamento por procuração, d. Pedro e a esposa se encontram ao vivo, cara a cara.

Fora a fortuna material, d. Leopoldina tem outros motivos para se considerar uma esposa de sorte:

1) É bem mais bonita que a sogra, por dentro e por fora, e não terá que enfrentar o ciúme maternal, porque d. Carlota Joaquina só tem olhos para o outro filho, o toureiro d. Miguel.
2) Seu marido, além de bonito e forte, toca vários instrumentos, canta e pode ser considerado um homem simpático, camarada e generoso. (Talvez generoso demais na distribuição de afeto, carinho e devoção carnal.)

Será que exagero nos elogios a meu pupilo? Talvez não, mas deixei de enumerar os defeitos...

Consegui alguns meses de férias. Darei um giro por diversas cidades europeias em que vivi, para me inteirar das novas normas de etiqueta criadas e ditadas pelo Velho Mundo.

Que lentidão!

6 de março de 1818

Dois anos após o falecimento da rainha Maria I, finalmente d. João se torna d. João VI, rei do império português, e d. Pedro é agora o príncipe real.

Que recepção! Voltei das férias e fui muito bem recebido.

Que decepção! Recebi um exemplar do romance *The Vampyre*, de um amigo dos grandes poetas ingleses Shelley e Lord Byron, o médico e escritor

John Polidori, que para escrever se baseou em histórias "fictícias" que contei a ele em minha breve passagem pela Europa no ano passado.

Tentei usar seu suposto talento literário para divulgar a ideia de que os vampiros não são animais canibais monstruosos, mas seres de grande sofisticação, elegância, refinamento e cultura. Que tentativa inútil! Como escritor, Polidori provou que é um grande médico!

Nem um grão de areia

26 de abril de 1821

Fim de férias tropicais. D. João VI não pôde mais adiar sua volta ao cenário principal do teatro político. Foi acompanhado de quase toda a família e o corpo de baile formado por cerca de três mil espertalhões, digo, cortesãos, que vivem à custa de cargos com nomes imponentes, nenhuma função efetiva e, o mais importante, sem nada que se pareça com trabalho.

Quem fica no palco é d. Pedro, que se torna o protagonista do espetáculo, abraçado à fila de coristas femininas composta pela esposa, as amantes fixas e as eventuais.

Na última cena, a comédia pastelão fica por conta da imperatriz Carlota Joaquina, que, ao embarcar, tirando os pés pela última vez de terra firme, bate os sapatos, declarando que do maldito Brasil não quer levar nem areia.

Que pândega! No entanto, a cômica e seu esposo poderiam não querer levar também os cinquenta milhões surrupiados em segredo, raspados do cofre do Banco do Brasil...

Cai o pano.

Esperemos pelo próximo ato.

Dia do Fico

9 de janeiro de 1822

D. João VI, sob pressão, assinou o documento que fez d. Pedro deixar de ser príncipe regente. A nata portuguesa quer que o Brasil volte à condição de colônia, para que retomem a sangria desatada.

D. Pedro, todavia, se recusou a obedecer a ordem expressa de voltar para Portugal, fortalecido pela "Petição do Fico", um abaixo-assinado com oito mil assinaturas. E completou o ato com a frase "Como é para o bem de todos e a felicidade geral da nação, estou pronto: diga ao povo que fico!".

E eu, na qualidade de empregado com função particular, digo: se ele fosse, eu iria. Como fica, também fico, ora essa!

No grito

7 de setembro de 1822

Tem sempre um momento na vida de todos nós em que explodimos e gritamos: "Basta!". O que diferencia um grito do outro é a intensidade, a sinceridade, a espontaneidade, a coragem necessária, o volume do "Basta".

Sendo quem é, como é e porque é, d. Pedro gritou um "Basta" que ecoou pelo planalto, expandiu-se por todo o território nacional e se espalhou pelo mundo.

Estando nas redondezas, poderia mentir e jurar que vi e ouvi meu pupilo berrar "Independência ou morte!".

Será que interessa, para o efeito desejado, terem sido essas as três palavras proferidas? Ouso declarar que não. O que importa é o gesto, a atitude, a resolução, a ação, a revolução.

Não posso conter uma sensação de anticlímax, um vago desapontamento com o fato de a maior colônia do sul das Américas ter conquistado a liberdade sem ter derramado uma só gota de sangue...

Espere aí! O que foi isso que acabei de escrever? Será que meu apetite especial — a insaciável sede de sangue — me levou a pensar dessa maneira? E que ingenuidade achar que não houve lutas, prisões, torturas, discursos, obras de arte, debates e derramamento de sangue para que esse grito de independência fosse dado.

Não consegui encontrar testemunhas oculares do evento. Pude apenas ouvir a reprodução do diálogo — acontecido imediatamente após o ato — de duas testemunhas auriculares.

— Você escutou um grito?

— Escutei.

— Quem foi?

— D. Pedro.

— Que se passa?

— O que não, quem!

— Quem o quê? O príncipe regente passa mal?

— Não passa mais, o mal já passou.
— Que mal?
— Ele estava enfezado e subitamente liberou material em demasia, junto ao córrego.
— Não sei se concordo com essa prática. Certa vez, dei um mergulho para me refrescar e dei de cara com um...
— Escute! Não mude de assunto!
— Está bem. Talvez o príncipe tenha gritado de alívio. Ou de dor de cólica. Tenho quase certeza de que ouvi ele gritar "Que indecência de sorte!".
— Não foi nada disso, eu ouvi perfeitamente o grito "Independência ou morte!".
— Que bonito. Mas morte de quem, hein?
— De quem tentar impedir, ora.
— Impedir o quê? Que alguém grite ao libertar os intestinos?
— Você ainda não entendeu!
— Você ainda não explicou!
— O que se passa é que a dependência de Portugal é coisa do passado, porque passamos, na base do grito, a ser uma nação livre e autônoma!
— Não me diga que tudo isso aconteceu logo ali, e eu não vi e mal ouvi! Eu posso testemunhar que você foi testemunha de visão e audição, se você fizer o mesmo para mim!

Defensor perpétuo do Brasil?

12 de outubro de 1822

D. Pedro foi proclamado imperador constitucional.
Foi também declarado "defensor perpétuo do Brasil".
O que isso significa? Que ele vai defender o Brasil até o fim do mundo, porque vai viver para sempre?
Sério?
Não posso deixar de pensar no título daquela comédia romântica de Shakespeare: *Muito barulho por nada*.

Criatura antediluviana

1º de dezembro de 1822

Meus morcegos não me desapontaram hoje. Chegou a notícia de que um geólogo inglês chamado Gideon Algernon Mantell desenterrou os ossos e dentes de um animal enorme.

Gideon mandou parte desse material para o anatomista francês Georges Cuvier, que informou serem os ossos e dentes de um mamífero semelhante ao hipopótamo.

Corre o boato de que outro cientista discordou totalmente de Cuvier, com a justificativa de que um animal de tamanho correspondente ao comprimento dos ossos seria muito maior que um elefante ou mesmo que uma baleia.

Esse estudioso causou mais alvoroço ainda ao declarar que o animal teria sido extinto e vivido há centenas de milhares de anos ou mais e, portanto, seria anterior ao período em que se acredita ter acontecido o dilúvio...

Ah, sim. Ao ser coroado, d. Pedro passou a ser d. Pedro I.

O herdeiro da nação

2 de dezembro de 1825

Nasceu hoje no palácio de São Cristóvão, na Quinta da Boa Vista, no Rio de Janeiro, o herdeiro ao trono brasileiro, Pedro de Alcântara João Carlos Salvador Bebiano Francisco Xavier de Paula Leocádio Miguel Gabriel Gonzaga, filho de Pedro de Alcântara Francisco António João Carlos Xavier de Paula Miguel Rafael Joaquim José Gonzaga Pascoal Cipriano Serafim de Bragança e Bourbon e sua esposa, Carolina Josefa Leopoldina Francisca Fernanda de Habsburgo-Lorena.

O futuro imperador é neto, por parte de pai, de João Maria José Francisco Xavier de Paula Luís António Domingos Rafael de Bragança — chamado de João VI — e sua esposa, Carlota Joaquina Teresa Cayetana de Borbón y Borbón — filha do rei da Espanha, Carlos IV. E, por parte de mãe, neto de Francisco I da Áustria — anteriormente chamado Francisco I de Habsburgo-Lorena ou Francisco Segundo do Sacro Império — e sua esposa, Maria Teresa de Bourbon Duas-Sicílias.

É coroa, cetro e capa para deixar qualquer um admirado. Estão previstos três dias inteiros de festa.

E nasceu também a estrada de ferro, pelas mãos do inglês George Stephenson, que aperfeiçoou as ideias da locomotiva a vapor e dos trilhos paralelos, projeto do também inglês Richard Trevithick.

Pela primeira vez existe veículo terrestre que vai mais rápido que um cavalo a galope. Isso deve significar alguma coisa, e muitas mudanças provavelmente acontecerão por causa disso e a partir disso.

Vai-se o João, ficam os Pedros

10 de março de 1826

Faleceu hoje, aos cinquenta e oito anos, d. João VI.

Meu pupilo se tornou Sua Majestade Fidelíssima, El-Rei de Portugal e dos Algarves d'Aquém e d'Além-Mar em África e Senhor da Guiné e de Conquista, Navegação e Comércio de Arábia, Pérsia e Índia.

O pequeno órfão

11 de dezembro de 1826

Partiu hoje, rumo ao último destino, a imperatriz Maria Leopoldina, aos vinte e nove anos, deixando cinco filhos vivos. O caçula deles, com um ano e oito dias, é Pedro de Alcântara, o pequeno órfão herdeiro da coroa.

De pai para filho

7 de abril de 1831

Pedro de Alcântara continua perdendo membros de sua família. Dessa vez foram o pai e a madrasta, por quem ele também tem amor de filho.

Entre escolher o trono de Portugal ou o do Brasil, d. Pedro decidiu ficar com os dois. Para tanto, abdicou em favor de seu filho Pedro e partiu para Portugal, onde irá lutar para defender a coroa portuguesa para sua filha Maria da Glória, junto de sua segunda esposa, deixando apenas o príncipe herdeiro e as filhas Francisca e Januária.

Algo me diz que meu primeiro pupilo e d. Amélia vão para nunca mais voltar.

Quanto a mim, passei como um móvel, ou um imóvel, de pai para filho.

Aceitei a incumbência de participar da criação do futuro d. Pedro II.

Pai pra toda obra

24 de setembro de 1834

Tenho o coração calejado. Perdi muitos entes queridos ao longo dos séculos. Alguns foram especiais. Meu pupilo foi um deles.

D. Pedro I do Brasil morreu hoje, aos trinta e cinco anos, no mesmo quarto onde nasceu, no Palácio de Queluz, com o título de d. Pedro IV de Portugal, herói da vencedora causa liberal. Mesmo sem saber o que é isso, me alegro, porque a palavra "liberal" indica que a causa deve ser coisa do bem.

Do que meu primeiro pupilo deixa para trás, destaco a lista de filhos oficiais e naturais. São dezenove ao todo, paridos por oito mães, seis deles chamados Pedro. Devo salientar que muitos outros tenham talvez sido postos no mundo, desconhecidos como as mães, que podem ser, inclusive, criadas e mucamas.

No rol dos conhecidos estão:

Sete filhos com a primeira esposa, Maria Leopoldina — entre eles um menino chamado Pedro.

Uma filha com a segunda esposa, Amélia de Leuchtenberg.

Cinco filhos com a amante Domitila de Castro e Canto Melo, a marquesa de Santos — entre eles a duquesa de Goiás e um menino chamado Pedro.

Um filho com a baronesa de Sorocaba, irmã da marquesa de Santos.

Dois filhos com a francesa Noémi Thiery — um deles chamado Pedro.

Um filho com a uruguaia María del Carmen García.

Um filho com outra francesa, Clémence Saisset, chamado Pedro.

Um filho com a monja portuguesa Ana Augusta chamado Pedro.

Sinto vontade de esclarecer, para os inimigos de plantão, que ele foi, na medida do possível, um bom pai e cuidou da educação de todos que sobreviveram à infância.

Sinto um tremor de aflição ao lembrar que seu coração será conservado na igreja da Lapa, na cidade de Porto, por desejo dele, oficializado em seu testamento.

Sinto saudade. Que são Pedro seja camarada com você na porta de entrada, d. Pedrinho!

Na gaiola de ouro

20 de setembro de 1835

No Sul do país, começou algo chamado de Revolução Farroupilha, ou Guerra dos Farrapos, que pretende separar um pedaço de território do resto do império. Esse é apenas um dos movimentos que ameaçam o governo que substituiu d. Pedro I enquanto se espera a maioridade do futuro d. Pedro II.

Enquanto isso, o herdeiro da nação vive como na fábula "O rouxinol", escrita por aquele esquisitão dinamarquês Hans Christian Andersen, na qual um pássaro real é substituído por um mecânico. Mas a realidade é mais perversa: o primeiro uirapuru bateu asas e voou. O segundo é de carne e osso, mas vive dentro de um mecanismo controlado pelo pior tipo de ser humano, os burocratas.

Pobre menino gerado e criado para servir à pátria sem ter vocação nem ambição para ser rei e sem chance de escolha. Pedro acorda cedo, estuda o dia inteiro, até a hora de dormir. Só pode ficar com as irmãs Francisca e Januária durante uma hora, depois do almoço. E faz um ano que perdeu a esperança de encontrar o pai, que poderia, com sua maneira espalhafatosa de ser, mudar pelo menos em parte essa terrível rotina.

Eu sou apenas um cabo na tropa que tem a missão especial de transformar uma criatura humana em uma estátua preciosa. Rafael, seu criado particular, é quem torna sua vida menos fabulosa. De vez em quando esconde o príncipe em seu aposento, para que ele fuja um pouco do excesso de estudo.

Quantos meninos brasileiros fariam qualquer coisa para morar em um palácio, ter um quarto só para si, com cama, colchão, travesseiros e três refeições por dia! Nenhum deve sequer sonhar que o pequeno príncipe faria qualquer coisa para ter a vida comum e ordinária que eles têm.

Presente de aniversário

2 de dezembro de 1837

Em homenagem ao aniversário de doze anos do menino imperador, foi fundado o Colégio D. Pedro, o primeiro curso secundário do Brasil.

Que presentão para um menino tão novo!

Olhei para ele durante a cerimônia e quase chorei de pena. Não, confesso que chorei mesmo. Aos trinta anos, d. Pedrinho se comportava como um moleque de doze. Aos doze anos, seu filho se comporta como um senhor de quarenta.

Passou rapidamente por meu pensamento a ideia de partir.

Escrevendo com impulsos

21 de outubro de 1838

Assisti de cabeça baixa à cerimônia que oficializou a fundação do Instituto Histórico e Geográfico Brasileiro. Como pode, com apenas doze anos, alguém levar a sério a informação de que seria o empreendedor de tão importante instituição, mesmo que efetivamente tenha interesse em tais assuntos?

É óbvio que foram os maioristas que, mais uma vez, organizaram uma encenação para espalhar aos quatro ventos a notícia de que o futuro imperador já está preparado e maduro para assumir o trono. Querem antecipar a maioridade de Pedro; falta pouco para que seja usada aquela máquina horripilante de tortura medieval para esticar a estatura do garoto.

Espalhou-se também a notícia de que o norte-americano Samuel Finley Breese Morse criou um código que representa todo o alfabeto e pode mandar e receber mensagens através de pontos e traços — impulsos curtos e longos. Algo me diz que acaba de se iniciar uma revolução na comunicação mundial.

Quanto a mim, cedo a outra espécie de impulso. Decidi ir embora, sumir do mapa, matar minha presente identidade e renascer bem longe daqui.

Chega de participar da criação de uma criatura digna do fictício dr. Frankenstein, um triste espantalho com a missão de afugentar supostos corvos promotores de desordem, rebeliões e separações de território.

O que os monarquistas querem é não perder o poder para os republicanos.

Assim que acabar esta anotação, me desfaço da incumbência e faço as malas!

Escrevendo com luz

19 de março de 1840

Quem poderia imaginar algo como a fotografia? Que invenção impressionante de Louis-Jacques Mandé Daguerre!

Fotografia. Que bela palavra criaram a partir do correspondente em grego que significa "escrever com luz".

Ao comprar seu próprio daguerreótipo, d. Pedro se tornou, no mínimo, uma das primeiras pessoas a tirar fotos neste país. E, certamente, o primeiro monarca fotógrafo do mundo.

Depois de quase um ano de vou ou fico, tomei uma decisão. Aconteceu ao ver Pedro tirando fotos, com um sorriso verdadeiro no rosto, como um selo no envelope de uma carta, com carimbo do correio e tudo mais. Parei para pensar. E decidi.

Hoje foi meu segundo Dia do Fico.

O DIA DECISIVO

Barbas ralas

18 de julho de 1841

Sinos, salvas de tiros, gritos de bravo, aplausos, lágrimas, soluços, suspiros. O público assistiu emocionado ao espetáculo da coroação. Como um ator bem ensaiado, o símbolo vivo da União teve um desempenho eficiente para convencer a plateia.

Todavia, de perto, era possível ver que d. Pedro II parecia esmagado pelo peso da coroa, do manto e da responsabilidade. O sorriso tímido e forçado não ajudava a disfarçar a ansiedade causada pela consciência da inadequação.

A torcida para que brotassem pelos no rosto de pele lisa foi frustrada. A voz e as pernas finas também não ajudaram o pretendido porte mais adulto ou, pelo menos, menos pueril. A impressão geral era de uma criança brincando de gente grande, vestida com roupas escolhidas no guarda-roupa dos pais.

Mas nada disso importa. Pela primeira vez há no trono um monarca genuinamente brasileiro. Nos retratos que tornarão eterno este dia, tudo será ajustado, e eles farão a memória dos que testemunharam se moldar à "realidade" imortalizada.

Chegou-me a notícia de que um médico inglês, James Braid, concluiu, depois de muito estudar o mesmerismo, que é possível levar uma pessoa a um estado semelhante ao sono, no qual a parte consciente de sua mente dorme e seu corpo é comandado pelo cérebro para obedecer a estímulos externos.

Esse processo faz que a pessoa seja levada a agir, tomar decisões e mudar seu comportamento sem que tenha consciência disso ao acordar do transe.

O voluntário para a demonstração foi levado a esse estado intermediário e, em seguida, estimulado a imitar uma galinha, um ganso e um pavão, fato que lhe era totalmente desconhecido quando foi trazido de volta à consciência.

Dr. Braid decidiu chamar esse processo de hipnotismo.

DESCENDENTES

Casamento transatlântico

30 de maio de 1843

Os morcegos raramente me decepcionam. Fiquei sabendo que amanhã será lançado ao mar o primeiro navio transatlântico, o *S. S. Great Britain*, que tem cento e quinze metros de comprimento, cento e trinta pessoas na tripulação e salão de refeições para trezentas e sessenta pessoas. O casco é de ferro, o navio é movido a hélice e totalmente a vapor.

Coincidentemente, um dia antes Pedro de Alcântara se casou por procuração.

Nós, vampiros, podemos ter o sangue frio, mas, para espanto geral, temos coração e somos muito românticos. Unir-se a alguém para sempre, até que a morte separe, assinando cada um um papel, a milhares de quilômetros de distância, me soa um gesto solitário.

A esposa, que é napolitana, se chama Teresa Cristina Maria Giuseppa Gasparre Baltassarre Melchiore Gennara Rosalia Lucia Francesca d'Assisi Elisabetta Francesca di Padova Donata Bonosa Andrea d'Avelino Rita Liutgarda Geltruda Venancia Taddea Spiridione Rocca Matilde.

Será que finalmente teremos uma macarronada decente para comer neste palácio?

Trabalhos de amor perdido

4 de setembro de 1843

Tudo o que d. Teresa Cristina deseja nos próximos dias, semanas, meses é reverter a frase que diz "A primeira impressão é a que fica".

O primeiro encontro dos recém-casados, há três meses, foi um desastre. Meu segundo pupilo não conseguiu — ou não quis — sorrir. Apenas suspirou, com o queixo trêmulo e os olhos mareados. Antes que eu pudesse abrir a boca, uma dama que ali estava colocou em palavras, mas em voz baixa, meus pensamentos: "Cumpra seu dever".

O nome da comédia de Shakespeare, *Trabalhos de amor perdido*, seria perfeito para uma peça que mostrasse o esforço que d. Teresa Cristina terá que fazer para conquistar, se não a afeição, pelo menos a aceitação de seu marido, que por pouco não a manda de volta para a Europa.

Imperatriz musiva

1º de março de 1845

Que mulher sábia!

Comparando a imperatriz Teresa Cristina às heroínas de Shakespeare: ela não tem a frescura juvenil de Desdêmona, a paixão sincera de

Julieta nem o encanto inocente de Ofélia. Tampouco um pingo do poder de sedução de Cleópatra ou a ambição sensual contagiante de Lady Macbeth.

Todavia... Que mulher sábia! Usou a arma mais poderosa: a paciência.

Está terminada a Guerra dos Farrapos, no Sul da nação. Está terminada a guerra dos sexos no palácio de São Cristóvão. Com charme discreto, simpatia sincera, cultura e interesse nas artes e nas ciências, a imperatriz encantou e conquistou o imperador.

Além de cumprir os deveres de esposa, d. Teresa Cristina cuida pessoalmente de algumas partes dos jardins e, com surpreendentes habilidade e talento para a arte musiva, cria belos mosaicos juntando cacos de porcelana de pratos, xícaras e pires quebrados do palácio.

Infelizmente, entre os dotes de d. Teresa não se incluem os culinários. Para comer uma boa macarronada, terei que voltar um dia à Bota.

Dois nascimentos

29 de julho de 1846

Veio ao Novo Mundo a princesa Isabel Cristina Leopoldina Augusta Micaela Gabriela Rafaela Gonzaga de Bragança e Bourbon. Meu faro milenar me diz que essa menina dará um grande passo, fará um gesto importante para muita gente.

Que belo dia para nascer. Hoje ficará para a história o nascimento também de um mundo com menos dor. Um de meus morcegos trouxe a boa nova: o dentista norte-americano Thomas Green instaurou o uso do éter para anestesiar pacientes durante a extração de dentes.

O fato, muito noticiado, espalhará o recurso que, na verdade, foi usado primeiramente em uma operação pelo médico também norte-americano dr. Crawford Long, que não se deu ao trabalho de publicá-lo em uma revista científica.

O paciente do dr. Green contou a experiência a um jornalista e o médico foi convidado a demonstrar o uso do anestésico, por isso passará para a história como seu descobridor. Nada a ver com descobrir-a-dor, hein?

Cruzes! Depois de cometer esse chiste infame, ordeno a mim mesmo usar um martelo de madeira para uma pancada na cabeça e um adormecer instantâneo. E não posso deixar de ressaltar o uso que faço, de maneira destemida, da palavra "cruzes"...

Troca de noivos

18 de setembro de 1864

A bebê imperial de 1846 já se tornou uma moça e pensa seriamente em matrimônio. Tão seriamente que ousou fazer uma solicitação aos pais.

Vamos por partes. A união da princesa Isabel com o duque Luís Augusto de Saxe-Coburgo-Gota já havia sido tratada pelo ministro do imperador, assim como a união de sua irmã Leopoldina com Luís Felipe Maria Fernando Gastão de Orléans e Saxe-Coburgo-Gota, o conde D'Eu.

Antes de contar sobre o encontro dos quatro jovens, vale citar o fato de que o duque Luís Augusto era primo do conde D'Eu.

Pois bem, chegaram os dois rapazes. Assim que eles puseram os olhos nas duas irmãs princesas e vice-versa, aconteceu o que ninguém esperava: cada princesa se encantou com o pretendente da outra. E vice-versa.

Em seguida foi feito o pedido ao casal imperador para que houvesse uma troca de pretendentes. E como acontece na maioria das vezes nos contos de fada, a história teve final feliz. D. Pedro II e d. Teresa Cristina consentiram, a mão de cada princesa foi pedida e a cerimônia foi marcada para o dia 15 de outubro.

E viveram todos felizes para sempre.

Do jeito que você quiser

1º de maio de 1865

Brasil, Argentina e Uruguai se uniram, como em matrimônio, com direito a tríplice aliança, para lutar contra o Paraguai de López.

À pergunta que ninguém faz em voz alta e sequer sussurra, a resposta é: "Estariam os britânicos por trás desse conflito bélico, acionando os sul-americanos como em um teatro de marionetes?".

Tremo diante da possibilidade do uso de tamanha velhacaria pela nação em cujo território o sol jamais se põe.

Surge, em minha mente, o nome da comédia de identidades trocadas e secretas do inglês mais famoso do mundo: *As You Like It*, ou *Do jeito que você quiser*.

Barbas fartas, barbas brancas

1º março de 1870

Perdi hoje uma aposta com Rafael. Eu podia jurar que o imperador sabia falar doze línguas — além de ler e escrever em várias delas. O velho criado afirmou que eram catorze. E são. Português, latim, francês, inglês, alemão, italiano, espanhol, grego, árabe, hebraico, sânscrito, mandarim, provençal e tupi-guarani!

Quem é que se espanta ao constatar que o barbudo está farto de ser um busto ambulante que assina, acena e encena?

Estava mais que na hora de o menino imperador fazer as malas e correr o mundo, aposentando-se, de certa forma, e com razão. Afinal, já são quarenta e cinco anos dedicados em tempo integral à função.

Terminou hoje o pior conflito armado do qual este país participou, com a morte de Solano López com uma lança que o atravessou e um tiro de fuzil. Quanto sangue foi derramado, principalmente em território paraguaio, em nome de sabe-se lá o quê! Um pedaço de território anexado? Sério?

E não se atreva a pensar que minha indignação tem algo a ver com o sangue derramado e desperdiçado, já que sou um ser das trevas e alimento-me apenas do já citado líquido.

Um morcego me veio com duas informações, a primeira abominável: de toda população do Paraguai, sobraram apenas mulheres, crianças e alguns senhores de idade, doentes ou feridos. Quem sabe alguns foragidos?

Constatei que, por causa da guerra, as barbas de d. Pedro II ficaram brancas.

A segunda notícia era sobre o feito do alemão Heinrich Schliemann, que, sem ser arqueólogo formado, tanto fuçou e escavou que achou a lendária cidade de Troia, cenário do clássico de Homero, *Ilíada*.

Até então imaginava-se que Troia era tão imaginária quanto Atlântida. Schliemann descobriu na Turquia uma série de cidades antigas, uma construída sobre as ruínas de outra, que foi construída sobre as ruínas de outra, e assim por diante. E uma dessas é o local onde se originou a expressão "presente de grego", por causa daquele enorme cavalo de madeira recheado de soldados.

Feira da Filadélfia

10 de maio de 1876

Hoje foi aberta à visitação a fabulosa Feira da Filadélfia, na capital do estado norte-americano da Pensilvânia. Essa grandiosa exposição foi criada para comemorar os cem anos da assinatura da Declaração de Independência dessa brava nação.

D. Pedro II não só esteve presente na inauguração como deu a partida, junto ao presidente Ulysses Grant — e convidado por ele —, no motor do Vapor Corliss Steam, gigantesco aparelho que fornecerá energia elétrica para a maioria dos outros equipamentos da exposição.

Entre os muitos lançamentos que admiramos estão a máquina de escrever Remington, o molho ketchup Heinz e a Tocha da Liberdade, pedaço de uma monumental estátua de metal que, tomo a liberdade de dizer, será instalada daqui a dez anos na entrada da ilha de Manhattan, Nova York, e ficará conhecida como Estátua da Liberdade.

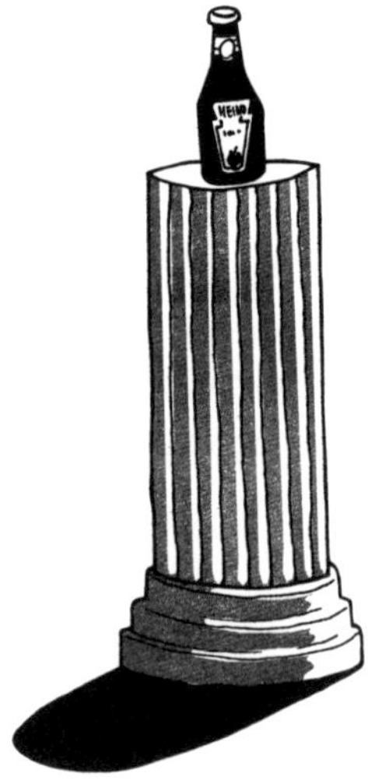

My God, it speaks!

25 de junho de 1876

Hoje, na Feira da Filadélfia, d. Pedro II se encontrou com Alexander Graham Bell, que conhecera em uma aula de linguagem para surdos. O norte-americano apresentou um invento ao imperador, que se interessou em ver como funcionava aquela coisa chamada "telefone". O nome é formado por duas palavras em grego: *tele*, que quer dizer "distância"; e *fone*, que quer dizer "som" ou "voz".

Graham Bell falou numa das extremidades de fio ligado a um bocal, a cento e cinquenta metros do imperador, citando as primeiras palavras do solilóquio mais famoso de Shakespeare, "Ser ou não ser", ditas pelo príncipe atormentado chamado Hamlet.

— *To be or not to be.*

Ao ouvir perfeitamente essas palavras no receptor ligado à outra extremidade do fio, d. Pedro II não se conteve e exclamou, em inglês, "Meu Deus, isso fala!".

— *My God, it speaks!*

Alexander Bell contou como inventou quase por acaso o telefone. D. Pedro II encomendou um aparelho, que será um dos primeiros do mundo a ser instalado em uma residência particular. (No caso, a residência será o Palácio Imperial de São Cristóvão, na Quinta da Boa Vista.)

Em conversa durante um jantar, tive conhecimento de uma outra versão incrível para o advento do telefone. Seu verdadeiro criador teria sido um imigrante italiano chamado Antonio Meucci, que só teve dinheiro suficiente para pagar uma patente provisória para seu invento.

Graham Bell comprou dele um protótipo, que patenteou em seu nome, e se anunciou inventor. Ao que tudo indica, Antonio Meucci pretende processá-lo.

Será mentira deslavada a história sobre a descoberta quase acidental do aparelho telefônico contada por Graham Bell?

Será que devemos levar em consideração o fato de o "verdadeiro" inventor do aparelho telefônico estar firme na resolução de processar o amigo de nosso imperador?

Tudo está bem quando acaba bem

13 de maio de 1888

Continuo pensando nos títulos das comédias de Shakespeare em relação à história dessa "minha família". Não há como negar que *Tudo está bem quando acaba bem.*

Depois de tantas batalhas, a guerra contra a escravidão foi vencida. Que pena! O ato mais importante do segundo reinado não se tornou oficial pelas mãos de meu pupilo, que se encontra na Europa, pondo as barbas fartas de molho.

Sua filha, Isabel, teve a honra de assinar a lei dourada como o sol do amanhecer. Se essa não foi a imagem mais retumbante de todas estas anotações, está no mínimo entre as dez mais!

A euforia que tomou conta da cidade, e certamente da nação, atingiu-me em cheio, e ainda estou num estado que me faz acreditar que a vida é sublime.

Canto de cisne imperial

9 de novembro de 1889

O governo imperial agoniza. Segundo más línguas, só d. Pedro II não percebeu que já está fazendo hora extra no trono. E para os herdeiros, só restará o exílio.

Tal qual uma *prima donna* operística veterana que se recusa a deixar o palco muito depois de terminado o recital, a senhora monarquia mostrou nessa noite luxuoso traje, joias cheias de quilates, chapéus exuberantes e leques de plumas raras, na tentativa de desviar a atenção da multidão de seus fracos trinados, respiração deficiente e brilho empoeirado, no baile da Ilha Fiscal.

Anotei alguns números da espantosa extravagância da festa armada com a desculpa de ser uma comemoração para as bodas de prata da princesa Isabel e do conde D'Eu.

oitocentos quilos de camarão
mil e trezentas latas de aspargos
quinhentos perus
sessenta e quatro faisões
vinte mil sanduíches
catorze mil sorvetes
dois mil e novecentos pratos de doce
trezentas e quatro caixas de vinho e champanhe
dez mil litros de cerveja

Quem chegava à ilha nas barcas a vapor era recepcionado por moças fantasiadas de fada e sereia.

D. Pedro II, ao entrar no salão do baile, levou um tombo e exclamou:

— O monarca escorregou, mas a monarquia não caiu!

As barbas de meu pupilo nunca me pareceram tão longas e brancas. Depois de ter usado o título de tantas comédias de Shakespeare nestas anotações, uso agora o de uma tragédia para descrever como vejo o imperador: *Rei Lear*, última cena do último ato.

Vinte e quatro horas

15 de novembro de 1889

O povo festeja. O imperador se abala com o prazo de vinte e quatro horas para sair do país. Quem mais se abala é Rafael, o criado particular. Ao saber da notícia, teve um mal súbito e morreu.

A última página de um dos cadernos da história do Brasil foi virada, e o caderno, guardado em uma prateleira. Abriram um novo caderno. Na capa está escrito "República".

Fuga em outro estilo

16 de novembro de 1889

A história do império brasileiro teve início com uma fuga desorganizada, desabalada, espalhafatosa e vergonhosa. Em comparação, o final, com a discreta partida dos monarcas para o exílio, não poderia ser mais chique.

Outra comparação, literária, seria: o começo foi como o romance *O tronco do ipê*, e o encerramento como *Memórias póstumas de Brás Cubas*.

Ouvindo isso, José de Alencar compraria uma briga e Machado daria um sorriso à Gioconda.

Despedidas

5 de dezembro de 1891

Pedro de Alcântara morreu no gélido inverno parisiense. Tinha sessenta e seis anos. Passou quinze deles preparando-se para ser imperador. A maior parte dos outros cinquenta e um, exercendo um cargo para o qual não se candidatou.

Despeço-me de Pedro de Alcântara e de meu avatar. Conheci um escritor chamado Bram Stocker, que se interessou em ouvir "tudo o que sei" a respeito dessas lendárias e apavorantes criaturas conhecidas como vampiros.

Creio que ele é um artista à altura do assunto, que divulgará uma série de fatos reais e algumas histórias desses personagens tão extraordinários e fantásticos que todos — com exceção de alguns poucos — terão como certa nossa inexistência. Faremos parte apenas de seus pesadelos.

LUIZ GAMA,
O AMIGO DE TODOS

O AUTOR DE SUA HISTÓRIA

Argumento para filme de longa-metragem.

O TÍTULO

Luiz Gama foi vítima de um ato covarde e abominável, mas não foi vencido. Deu a volta por cima diversas vezes. Não desperdiçou uma das poucas chances que teve de aprender, formando-se advogado sem ter feito um curso de direito. Tornou-se um dos grandes heróis da abolição, sendo responsável pela libertação de mais de quinhentos escravos.

O ARGUMENTO

Observação: este filme será uma dramatização dos fatos biográficos de uma importante figura da história do Brasil, tomando como base uma carta que essa pessoa escreveu para um amigo, contando sua vida. No entanto, ao mesmo tempo, será uma narrativa com drama, tragédia e ação combinados para contar a história emocionante desse grande brasileiro.

Para isso, será preciso fazer escolhas pessoais entre as várias opções — na maioria das vezes conflitantes ou até incoerentes entre si — de relatos biográficos, preenchendo as lacunas e optando por versões mais realistas ou fantasiosas de algumas passagens. Ou seja, este filme será uma versão romanceada de um personagem extraordinário que viveu, sofreu, lutou e sobreviveu no século XIX, época conhecida como Segundo Reinado — quando o Brasil foi governado por Pedro de Alcântara, também conhecido como d. Pedro II, o magnânimo.

Observação: as frases em *itálico* foram retiradas da carta autobiográfica[1] que Luiz Gama escreveu em 1880 para seu amigo Lúcio de Mendonça. No entanto, o texto da carta não foi utilizado em sua totalidade, e algumas frases estão fora de ordem.

PRÓLOGO

Largo do Arouche, centro de São Paulo, tempo atual: o filme começa com um plano fechado do rosto de Luiz Gama esculpido em bronze. O plano vai se abrindo, mostrando todo o busto e seu pedestal de pedra, enquanto ouvimos em *voice over* (voz de alguém que não está em cena) uma simpática, mas entediada, guia turística. Ela fala com ênfase um tanto exagerada; percebe-se que é um texto decorado e repetido inúmeras vezes.

Sobre as imagens deste trecho, entram os LETREIROS INICIAIS.

GUIA TURÍSTICA Este busto é de um grande homem que foi (e ainda é) conhecido por várias alcunhas: "poeta dos escravos", "terror dos fazendeiros", "maior abolicionista do Brasil", "o amigo de todos", entre outros. Feito por Yolando Mallozi, o busto foi inaugurado em 1931, em comemoração ao centenário do nascimento deste nosso herói.

Agora vemos uma parte maior do largo do Arouche. Vemos também a guia e um grupo de turistas, munidos de seus celulares, fotografando e gravando vídeos do busto.

GUIA TURÍSTICA Luiz Gonzaga Pinto da Gama nasceu em Salvador, em 21 de junho de 1830, *filho natural de uma africana livre, de nome Luísa Mehin*, que fazia e vendia doces e outros quitutes, e de *um nobre, descendente de portugueses, membro de uma das principais famílias da Bahia.*

1. O manuscrito da carta de Luiz Gama a Lúcio de Mendonça encontra-se na Biblioteca Nacional. O documento foi reproduzido pela primeira vez em: Sud Menucci. *O precursor do abolicionismo no Brasil.* São Paulo: Companhia Editora Nacional, 1938, pp.19-26. Mais recentemente, também foi incluído na *Antologia da carta no Brasil*: me escreva tão logo possa. Organização de Marcos Antônio de Moraes. São Paulo: Moderna, 2005, pp. 67-75.

Dois turistas puxam a guia para a frente do busto e tiram uma inevitável selfie.

Outro turista filma o voo de uma pomba.

Largo São Francisco, centro de São Paulo, tempo atual: a guia e o grupo de turistas estão no centro do largo, de frente para a Faculdade de Direito da Universidade de São Paulo.

GUIA TURÍSTICA Neste prédio foi inaugurada em 1827 a Faculdade de Direito da Universidade de São Paulo, uma das duas mais antigas do Brasil — a outra fica lá em Olinda, Pernambuco. Nosso herói iniciou seus estudos por conta própria, na biblioteca de um delegado, quando trabalhava na Secretaria de Polícia. Mais tarde, foi aqui que Luiz Gama NÃO estudou para exercer a advocacia...

Os turistas que fotografam e filmam o prédio se espantam e olham para a guia.

GUIA TURÍSTICA ... porque, apesar de aqui estudarem pessoas de todo o país e de todas as classes sociais, ele não foi aceito por ser negro, e teve de frequentar aulas como ouvinte, apesar de ser hostilizado por professores e alunos.

Um dos turistas filma a fachada de uma loja de ervas em cujas portas há três gaiolas com canarinhos.

GUIA TURÍSTICA Por isso, nunca teve o título de advogado, tornando-se um rábula, o que não impediu de conseguir a liberdade para mais de quinhentos escravos.

Cemitério da Consolação, São Paulo, tempo atual: vemos o grupo de turistas junto ao túmulo de Luiz Gama. A guia não parece mais repetir um texto decorado.

GUIA TURÍSTICA Aqui, junto a expoentes das elites social, econômica, intelectual e política, como os escritores Monteiro Lobato e Mário de Andrade, dorme em berço esplêndido o mais sofrido, corajoso e realizador herói brasileiro que, ao fim da vida, era dono de imenso prestígio, adoração e gratidão de muitos amigos, centenas de escravos libertados, além de pessoas pobres e imigrantes enganados ou roubados, que Luiz Gama defendeu de graça.

Um turista filma um sabiá que pula em uma árvore de galho em galho e voa para longe.

A guia diz o texto cada vez com mais emoção. Os turistas deixam seus celulares de lado — apenas um deles grava a guia falando —, prestando atenção e, ao ouvir a frase final, ficam mais boquiabertos e horrorizados.

GUIA TURÍSTICA E esse homem tão bondoso, quando tinha dez anos de idade, foi vendido como escravo por seu próprio pai!

A CARTA PARA UM AMIGO

São Paulo, casa de Luiz Gama, 1880: vemos Luiz Gama aos cinquenta anos, já com cabelos brancos. Enquanto escreve uma carta para seu amigo Lúcio de Mendonça, ele fala o texto em voz alta.

LUIZ GAMA *São Paulo, 25 de julho de 1880. Meu caro Lúcio. Recebi o teu cartão.*

São Paulo, casa de Lúcio Mendonça, 1880: vemos Lúcio de Mendonça lendo a carta, enquanto ouvimos Luiz em *voice over*, continuando o trecho da carta:

LUIZ GAMA (*VOICE OVER*) *Aí tens os apontamentos que me pedes e que sempre eu os trouxe de memória. Nasci na cidade de S. Salvador, capital da província da Bahia, em um sobrado da rua do Bângala, a 21 de junho de 1830, por volta das 7 horas da manhã.*

O FILHO DA LENDA

Salvador, capital da Bahia, 1835: visão panorâmica de parte de Salvador com prédios do século XIX ou anterior. Na trilha sonora, choro de bebê e trecho de “São Salvador”, uma das obras-primas do compositor Dorival Caymmi:

São Salvador, Bahia de São Salvador
A terra do branco mulato
A terra do preto doutor.

Sobre as imagens, LETREIRO: 1835. Vemos a cidade cada vez mais próxima: prédios, casas, ruas, igrejas, um pelourinho, pessoas de corpo inteiro, mais próximas, planos fechados de rostos. Ouvimos agora uma frase musical de “No tabuleiro da baiana“, do compositor Ary Barroso:

No tabuleiro da baiana tem...

Vemos Luísa Mehin, mãe de Luiz Gama, no auge da exuberância, beleza e valentia, com seu tabuleiro cheio de doces e quitutes salgados.

Luísa vende um salgado a uma senhora. Em seguida, um menino chega e entrega, discretamente, um bilhete, e recebe dela um doce. Enquanto isso, ouvimos Luiz declamar um dos poemas[2] que escreveu em homenagem a sua mãe:

LUIZ GAMA (*VOICE OVER*) Era mui bela e formosa,
Era a mais linda pretinha
De adusta Líbia rainha,
E no Brasil, pobre escrava.

* Adusta Líbia: seria o mesmo que “Líbia em chamas”. Àquela altura de sua vida, Luísa não era mais escrava, se é que foi algum dia.

Vemos o bilhete de perto, e a mensagem está escrita em árabe.

Ouvimos a voz da guia:

GUIA TURÍSTICA (*VOICE OVER*) Não pensem que esta *mulher bonita, magra e de baixa estatura* era apenas uma quitandeira. Luísa Mehin era, e ainda é, uma lenda da luta contra a tirania, em prol da rebelião dos escravos e oprimidos!

2. Luiz Gama, “Quem sou eu?”. In: *Primeiras trovas burlescas de Getulino*. 2 ed. Rio de Janeiro: Tipografia de Pinheiro & Cia., 1861.

Luísa guarda o bilhete no decote, pega uma trouxa de pano, embrulha seu tabuleiro e se vai, apressadamente.

LUIZ GAMA (*VOICE OVER*) *Sou filho natural de uma africana livre, da Costa Mina, pagã, que sempre recusou o batismo e a doutrina cristã.*

Luísa chega a sua casa, sobe uma escada íngreme até o segundo andar, entra, fecha a porta, deixa seu tabuleiro num canto, pega o bilhete que recebeu e o lê.

LUIZ GAMA (*VOICE OVER*) *Tinha os dentes alvíssimos como a neve, era muito altiva, geniosa, insofrida e vingativa.*

Ao ouvir um ruído externo, Luísa enfia o papel dobrado em uma fresta que há entre a parede e o batente de uma das janelas, segundos antes de a porta se abrir com um estrondo e entrarem dois oficiais da justiça, que se jogam sobre Luísa, a agarram e a levam para fora, se esforçando para impedir que ela se solte, e esquivando-se das tentativas de mordidas e chutes.

LUIZ GAMA (*VOICE OVER*) *Mais de uma vez foi presa como suspeita de envolver-se em planos de insurreições de escravos, que não tiveram efeito.*

A trilha sonora cresce, com ruídos e vozes, além de música.

Vemos ilustrações em diversas técnicas, como bico de pena, carvão, aquarela e tinta a óleo, com cenas de lutas de oficiais da justiça e soldados contra escravos e mulheres e homens livres. Pessoas são atingidas por espadas, facas, lanças e outras armas. Explosões. Muito sangue, pessoas feridas, agonizando, mortas. Prisioneiros acorrentados, açoitados, embarcando em navios grandes, enforcados.

Cemitério da Consolação, São Paulo, tempo atual: a guia fala aos turistas:

GUIA TURÍSTICA As perguntas mais frequentes em relação à biografia de Luiz Gama são: "O que aconteceu com a Luísa Mehin?", "Por que seu pai o vendeu como escravo?", "Como foi que sua mãe, mesmo desaparecida, salvou sua vida?", "Quando e como Luiz conseguiu reaver sua liberdade?".

Salvador, capital da Bahia, 1837: Luiz, com sete anos, dorme em um quartinho com uma janela — que dá para os fundos da casa —, uma cama pobre e tosca e outros poucos objetos. Sobre as imagens, LETREIRO: 1837.

Luísa entra apressadamente no quarto, segurando uma trouxa, na qual guarda alguns objetos. Acorda carinhosamente o filho, o abraça e beija. Despede-se, prometendo voltar em breve, dizendo que ele ficará com o pai por uns tempos. Luiz quer ir junto, e ela responde — enxugando lágrimas em seu rosto e no dele — que é impossível. Dá muitos beijos por toda a cabeça do filho. Ouvimos tiros, gritos. Luísa cata a trouxa, corre até a janela, manda um último beijo para Luiz e pula para fora.

Luiz corre à janela, chora e chama sua mãe, sem saber que nunca mais a verá.

LUIZ GAMA (*VOICE OVER*) *Em 1837, depois da Revolução do dr. Sabino, na Bahia, veio ela ao Rio de Janeiro e nunca mais voltou.*

Ruas do centro de São Paulo, tempo atual: dentro de um micro-ônibus, a guia turística continua falando aos turistas, que escutam tão interessados a ponto de não olharem para seus celulares.

GUIA TURÍSTICA Essa cena pode ter acontecido apenas na imaginação de Luiz Gama. Há até quem acredite que Luísa Mehin não era sua mãe. No entanto, o que aconteceu três anos depois é um fato histórico comprovado.

São Paulo, casa de Luiz Gama, 1880: Luiz escreve a carta para seu amigo.

LUIZ GAMA *Meu pai era fidalgo, e pertencia a uma das principais famílias da Bahia, de origem portuguesa. Devo poupar à sua infeliz memória uma injúria dolorosa, e o faço ocultando o seu nome.*

* Fidalgo: alguém que tem título de nobreza, herdado ou concedido pelo rei.

Salvador, salão de jogos clandestino, 1840: vemos o pai de Luiz em uma das mesas em que acontece um jogo de cartas com apostas em moedas. Sobre as imagens, um LETREIRO: 1840.

LUIZ GAMA (*VOICE OVER*) *Era apaixonado pela diversão da pesca e da caça; jogava bem as armas, e muito melhor de baralho, amava as súcias e os divertimentos: esbanjou uma boa herança, obtida de uma tia em 1836.*

* Súcia: bando, baderna.

SÚBITO E PRECOCE FINAL DA INFÂNCIA

Salvador, 1840: Luiz está em casa com seu pai. Vê-se que a casa está bem vazia, e que o dono teve que vender objetos e até parte da mobília. É noite.

LUIZ GAMA (*VOICE OVER*) *Ele foi rico, e nesse tempo, muito extremoso para mim: criou-me em seus braços.*

PAI Vá deitar-te, Luiz. Amanhã irás num passeio de barco.

LUIZ É mesmo, paizinho? Verdade?

PAI Dou-te minha palavra de que amanhã irás navegar. Agora vá para teu quarto e durma. Do contrário estarás fatigado e não aproveitarás o passeio.

Luiz abraça subitamente seu pai.

LUIZ Paizinho, tu és o melhor pai do mundo.

Luiz vai para o quarto. O pai fica com o rosto impávido, olhando para a paisagem da cidade banhada pela lua, com casas pouco iluminadas por velas e lampiões. Ele enche um copo de bebida alcoólica e bebe em um só gole; faz careta; bebe outro gole, direto do gargalo; vai atirar a garrafa contra a parede, olha na direção para onde Luiz foi, e retém o gesto, colocando a garrafa sobre um móvel. Tapa o rosto com as duas mãos.

PAI Ai do meu pobre filho!

Ele respira fundo, e decide:

PAI Há de existir outra maneira! E, mesmo não existindo, eu não o farei!

Mais tarde, seu amigo Luís Cândido Quintela, que o chama de Gonzaga, bate à porta e entra. Gonzaga diz que não irá mais conversar a respeito "daquilo", e que seu amigo está convidado a ficar apenas para tomar um último gole de bebida.

Segue-se um diálogo sussurrado e cada vez mais exaltado. Luís Cândido deixa claro que se Gonzaga não saldar sua dívida de jogo, será morto; por isso, precisa pedir dinheiro a seu pai.

Gonzaga retruca dizendo que não tem mais crédito com nenhum membro de sua família desde que roubou uma joia de sua mãe para vender.

Luís Cândido fala da "outra possibilidade" para o Gonzaga. O pai de Luiz se irrita e o expulsa. Seu amigo sai lhe dizendo que ele sabe que é a única saída.

São Paulo, casa de Luiz Gama, 1880: voltamos a ver Luiz Gama aos cinquenta anos, escrevendo a carta para seu amigo Lúcio e dizendo o texto em voz alta:

LUIZ GAMA *Reduzido à pobreza extrema, em companhia de Luís Cândido Quintela, seu amigo inseparável...*

São Gonçalo do Sapucaí, casa de Lúcio Mendonça, 1880: vemos seu amigo Lúcio de Mendonça com a carta em mãos. Enquanto lê, chocado e abismado, lágrimas brotam; ele enxuga os olhos com um lenço, e aperta o rosto.

LUIZ GAMA (*VOICE OVER*) *... vendeu-me, como seu escravo, a bordo do patacho* Saraiva.

* Patacho: embarcação antiga com duas velas.

Porto de Salvador, 10 de novembro de 1840: na embarcação *Saraiva*, um mercador compra escravos para revender. O pai de Luiz o leva, acompanhado e incentivado por seu amigo, para vendê-lo para saldar a dívida de jogo.

Para ter uma ideia das possibilidades dramáticas desta cena, ponha-se no lugar de Luiz. Você tem dez anos e seu pai o leva para um barco onde o vende como escravo. Imagine agora o que você faria. O que diria para seu pai? O que ele poderia responder? Como acontece a despedida?

Imagine agora o que fez o Gonzaga. Simplesmente pegou o pagamento, virou as costas e se foi? O que faria nesse momento um pai que supostamente lhe deu seu sobrenome — algo de extremo valor em 1830 — e foi um bom pai nos quatro anos seguintes ao dia em que sua mãe teve que sumir da sua vida? Teria uma conversa anterior à venda? Tentaria explicar? Pedir perdão?

Pense em um menino sendo acorrentado, com um destino terrível traçado, vendo seu pai indo embora, deixando-o à mercê de pessoas perversas, como mercadoria num mundo de comércio desumano, cruel e violento!

Este é o coração do filme, que vai dar uma rasteira no herói, iniciando uma trajetória rocambolesca até a maioridade, que o fará reinventar a si mesmo e tornar-se autor de sua história. É o que leva nosso Luiz Gama a todas as escolhas que fará pelo resto de sua vida.

Salvador/ alto-mar/ Rio de Janeiro, 1840: acontece uma sequência sem diálogos, com trilha sonora enfática. Vemos o *Saraiva* partindo do porto de Salvador. A embarcação, com duas velas, navegando. Chegando à baía da Guanabara.

O rosto de Luiz, que está cabisbaixo e profundamente triste, chocado e revoltado, se ilumina quando levanta a cabeça e vê a paisagem deslumbrante da futura Cidade Maravilhosa.

UM MÊS DE ESPERANÇA

Este é um dos trechos com mais diálogos, interação entre os personagens e uma pitada de humor.

Rio de Janeiro, rua da Candelária, 1840: três carroças chegam à residência de Vieira, um fabricante de velas de cera e mercador de escravos.

O menino livre que virou escravo desce de uma das carroças exausto, assustado e faminto, e é recebido por cinco sorrisos femininos: são dona Carolina, esposa do sr. Vieira, suas três filhas, Helena, Letícia e Rosinha, e Felícia, a mucama (escrava que realizava serviços domésticos).

LUIZ GAMA (*VOICE OVER*) *Dias depois, fui, com muitos outros, para a casa de um cerieiro português, de nome Vieira. Tinha um filho aperaltado, que estudava em colégio; e creio que três filhas crescidas, muito bondosas, muito meigas e muito compassivas.*

* Cerieiro: fabricador ou vendedor de velas de cera.
* Aperaltado: que se tornou peralta, travesso.

Dona Carolina dá ordem à mucama para que banhe, vista e alimente Luiz.

Felícia obedece às ordens. Tudo é visto e comentado pelas três filhas e pela própria dona da casa. A mucama o leva para dormir em seu quarto.

LUIZ GAMA (*VOICE OVER*) *A sra. Vieira era uma perfeita matrona: exemplo de candura e piedade. Ela e as filhas afeiçoaram-se de mim imediatamente.*

Passam-se os dias. Luiz está sempre acompanhado e paparicado por uma, duas, três ou quatro mulheres. O *sr. Vieira*, um sujeito *de estatura baixa, circunspecto e enérgico*, critica os mimos à sua "propriedade" e, em particular à esposa. Ele a proíbe de continuar permitindo uma situação que não terá bom final, já que logo o pequeno escravo será vendido junto com os outros.

Passam-se os dias. Luiz é disputado pelas três irmãs para vesti-lo, banhá-lo, alimentá-lo e para passear, brincar etc. D. Carolina ralha com as filhas, dizendo que ele não é um boneco, um títere sem fios! Ela o leva para seus aposentos e faz tudo o que proibiu às filhas.

Passam-se os dias. Letícia e Rosinha não estão mais tão interessadas no "brinquedo". Helena continua a tratá-lo como se fosse seu filho.

Numa noite, Luiz conversa com Felícia antes de dormir e pede a ela que o ensine a rezar porque quer pedir para "o Criador deixá-lo ficar naquele pedaço do paraíso para sempre... não, só até eu morrer".

LUIZ GAMA (*VOICE OVER*) *Em dezembro de 1814, fui vendido ao negociante e contrabandista alferes Antônio Pereira Cardoso.*

* Alferes: patente de oficial abaixo de tenente; no Brasil foi substituída por segundo-tenente.

No dia seguinte, o sr. Vieira anuncia que o lote de escravos será mandado para o novo proprietário. O menino Luiz mais uma vez tem o chão arrancado de baixo de seus pés. Ele nutriu a esperança de morar naquela casa confortável, onde seria bem tratado pela dona, por suas filhas e a mucama queridas. Mais uma vez o menino se despede, com outro teor de emoção.

Ele chora e as mulheres o abraçam, beijam, choram, torcem os lenços, soluçam.

Helena, a mais velha das filhas, suplica uma última vez a seu pai que não despache o pequeno Luiz.

Luiz é apartado das mulheres. Rosinha e Letícia entram correndo em casa, soluçando. Felícia cai de joelhos, d. Carolina faz o mesmo, e as duas rezam. Helena, revoltada, bate o pé, grita, urra, puxa os cabelos, derruba duas cadeiras e um vaso, que se espatifa no chão.

LUIZ GAMA (*VOICE OVER*) *Dali saí derramando copioso pranto, e também todas elas, sentidas de me verem partir.*

As carroças, que levam os escravos amontoados como gado, partem, e Luiz vê três de suas amigas cada vez mais longe, acenando com lenços brancos.

Observação: os nomes dos personagens, com exceção de Luiz e do patriarca da família, foram inventados, já que não são citados na carta de Luiz Gama para seu amigo Lúcio.

A REVENDA MALOGRADA

Rio de Janeiro/ Santos/ Serra do Mar, 1840: Luiz e os outros escravos são empurrados para o porão de uma embarcação. Ela navega até Santos. Lá, capatazes montam em cavalos, seguidos por burros que carregam bagagem, e os escravos, acorrentados uns aos outros, viajam a pé, em fila indiana.

LUIZ GAMA (*VOICE OVER*) *Oh! Eu tenho lances doloridos em minha vida, que valem mais do que as lendas sentidas da vida amargurada dos mártires.*

Chegando ao planalto, seguem até Campinas.

LUIZ GAMA (*VOICE OVER*) *Tinha eu apenas dez anos; e, a pé, fiz toda viagem de Santos até Campinas.*
Este alferes Antônio Pereira Cardoso comprou-me em um lote de cento e tantos escravos...

São Paulo, 1840: Luiz e os outros escravos são levados a São Paulo, para serem revendidos.

LUIZ GAMA (*VOICE OVER*) *... e trouxe-nos a todos, pois era este o seu negócio, para vender nesta Província.*

Compradores examinam Luiz e os outros escravos, e repelem o menino.

LUIZ GAMA (*VOICE OVER*) *Fui escolhido por muitos compradores, e por todos repelido, pelo simples fato de ser eu "baiano". O último recusante foi o venerando e simpático ancião Francisco Egídio de Souza Aranha.*

* Venerando: respeitável, que é digno de veneração.

Francisco Egídio de Souza Aranha escolhe Luiz, afastando-o dos outros.

ANCIÃO FRANCISCO (AFAGANDO-O) *Hás de ser um bom pajem para os meus meninos; dize-me: onde nasceste?*

LUIZ *Na Bahia.*

ANCIÃO FRANCISCO (ADMIRADO) *Baiano? Nem de graça o quero. Já não foi por bom que o venderam tão pequeno.*

O ancião Francisco se vira e se afasta. Luiz suspira aliviado.

LUIZ (MURMURANDO) *Valeu-me a pecha!*

* Pecha: defeito, imperfeição.

São Paulo, *casa do alferes Cardoso*, 1840: Luiz e José, outro escravo baiano, chegam à residência do alferes Antônio Pereira Cardoso.

LUIZ GAMA (*VOICE OVER*) Como nenhum comprador adquiriu o "refugo", fomos levados de volta, eu e *outro escravo da Bahia, de nome José, para a casa do sr. Cardoso, à rua do Comércio, n. 2, sobrado,* onde *aprendi* a trabalhar como *copeiro, sapateiro, a lavar e a engomar roupa e a costurar.*

* Refugo: resto, o que é posto de lado.

Sucedem-se cenas com os fatos descritos por Luiz Gama.

A FUGA ASSISTIDA

São Paulo, sobrado do alferes Cardoso, 1847: chega, de Campinas, um jovem hóspede na casa do alferes Cardoso. Sobre as imagens, LETREIRO: 1847.

LUIZ GAMA (*VOICE OVER*) *Contava eu dezessete anos, quando para a casa do sr. Cardoso veio morar, como hóspede, para estudar humanidades, o menino Antônio Rodrigues do Prado Júnior.*

Sequência com passagens de tempo em que Luiz e Antônio Jr. se tornam amigos, e este o ensina a ler e escrever.

São Gonçalo do Sapucaí, casa de Lúcio Mendonça, 1881: Luiz Gama, em visita a seu amigo, conta-lhe fatos de sua vida.

LUIZ GAMA *Em 1848, sabendo eu ler e contar alguma coisa, e tendo obtido ardilosamente e secretamente provas* incontestáveis de minha situação de filho de mãe e pai livres e, portanto, livre também, *retirei-me, fugindo, da casa do alferes Antônio Pereira Cardoso, que aliás votava-me a maior estima...*

Observação: não há registro dessa visita de Luiz Gama a seu amigo Lúcio Mendonça na cidade do sul de Minas, porém, não há nada que a conteste.

São Paulo, sobrado do alferes Cardoso, 1848: a família de Antônio Jr. veio buscá-lo e se prepara para partir. É inverno. Está frio e chuviscando, e a noite está bem escura por falta de luar. Sobre as imagens, LETREIRO: 1848.

Em seu quarto, Antônio Jr. abre a janela, por onde entra nosso herói. Os dois — que têm a mesma estatura — trocam de roupa, e o amigo o ajuda a vestir um casaco largo com capuz. Eles saem pela janela, o amigo se esconde, e Luiz sobe na carruagem, com o corpo curvado e a cabeça baixa. Os pais de Antônio Jr. olham para o "filho" e parece que descobriram a tentativa de fuga e vão denunciá-lo. Mas os dois faziam parte do plano traçado por seu filho, que espia e sorri satisfeito.

O alferes se aproxima da carruagem. A mãe de Antônio Jr. cobre Luiz com uma manta e o abraça, acabando de escondê-lo. Após as despedidas, a carruagem se vai. Antônio Jr. comemora e corre para o fundo da casa, onde um cavalo está pronto para levá-lo até onde ele irá se encontrar com seus pais e seu amigo.

Observação: optamos por "supor" que seu jovem amigo Antônio Jr. o ajudou a fugir da casa do alferes Cardoso com a cumplicidade de seus pais, o que não pode ser comprovado, mas tampouco contestado.

EM BUSCA DA MÃE

São Gonçalo do Sapucaí, casa de Lúcio Mendonça, 1881: vemos a rua, a fachada da casa cada vez mais próxima, os ruídos e sons das casas e das ruas em volta. No interior, Luiz e Lúcio tomam café e comem bolo enquanto conversam.

LUIZ GAMA Fale-me, meu amigo, do destino de tua mãe.

LÚCIO Procurei-a em três oportunidades, na Corte...

Rio de Janeiro, 1848: vemos Luiz, com dezessete anos, indagando, pesquisando, entrevistando pessoas em repartições públicas e outros locais.

Rio de Janeiro, 1856: vemos Luiz, com 26 anos, refazendo o mesmo itinerário de oito anos antes.

Rio de Janeiro, 1862: vemos Luiz, com 32 anos, refazendo o mesmo itinerário de seis anos antes.

LUIZ GAMA (*VOICE OVER*) ... sem que a pudesse encontrar.

Luiz conversa com três negros livres no alto de um morro.

LUIZ GAMA (*VOICE OVER*) *Em 1862, soube, por uns pretos minas que conheciam-na e que deram-me sinais certos, que ela, acompanhada com malungos desordeiros, em uma "casa de dar fortuna" em 1838, fora posta em prisão; e que tanto ela como os seus companheiros desapareceram.*

* Pretos minas: africanos de uma casta do Sudão.
* Malungo: título que os escravos africanos trazidos para o Brasil, na mesma embarcação, davam uns para os outros.

Vemos Luiz cada vez mais próximo enquanto ele ouve o relato. Torna-se visível em seu rosto a certeza de que sua busca foi inútil.

LUIZ GAMA (*VOICE OVER*) *Era opinião dos meus informantes que esses "amotinados"* tinham sido *mandados* de volta para a África *pelo governo, que nesse tempo tratava rigorosamente os africanos livres, tidos como provocadores.*

* Amotinados: pessoas que participaram de uma revolta.

São Paulo, vila em Caçapava, 1861: Luiz escreve um poema.

LUIZ GAMA (*VOICE OVER*) Voltando a São Paulo, em comissão do governo, *dediquei-lhe os versos,* que enviei-te *com a carta.*

SOLDADO NA PRISÃO

São Paulo, 1848 a 1854: vemos fotos reais, da época, de alistamento militar, soldados em treinamento e "em ação".

LUIZ GAMA (*VOICE OVER*) *Fui assentar praça. Servi* no exército por *seis anos,* e *cheguei a cabo de esquadra graduado.*

* Assentar praça: alistar-se no Exército para seguir a carreira militar ou entrar para a polícia.
* Cabo: patente imediatamente acima do soldado ou do marinheiro.
* Esquadra: conjunto de navios de guerra de um país.

As fotos reais se misturam a fotos — em preto e branco — feitas com o ator que interpreta Luiz Gama nesta parte da história.

LÚCIO (*VOICE OVER*) Fale-me do motivo para a baixa de serviço.

* Ter baixa: ser dispensado.

LUIZ GAMA (*VOICE OVER*) Foi por causa de um *ato de suposta*, veja bem, *suposta insubordinação.*

LÚCIO (*VOICE OVER*) Aconteceu algo mais grave que a ameaça ao oficial?

LUIZ GAMA (*VOICE OVER*) Não! Limitei-me *a ameaçar um oficial insolente, que me havia insultado e que soube conter-se. Estive, então, preso 39 dias. Passava os dias lendo.*

São Paulo, prisão militar, 1854: vemos Luiz em uma cela, deitado em sua tarimba (cama dura e desconfortável), que é a de cima de um beliche, lendo durante o dia. Há outros prisioneiros na mesma cela.

LUIZ GAMA (*VOICE OVER*) *Às noites, sofria de insônias; e, de contínuo, tinha diante dos olhos a imagem de minha querida mãe.*

Vemos Luiz na cela, à noite, revirando-se na cama. Ele olha para o teto, estende uma mão, emocionado e perturbado com o que "vê".

LUIZ GAMA (*VOICE OVER*) *Uma noite, eram mais duas horas, eu dormitava.*

Madrugada. Vemos Luiz dormindo.

Salvador/ Rio de Janeiro/ São Paulo: Pesadelo de Luiz. Ele está em Salvador, com 32 anos, no quartinho em que dormia até os sete. Chama pela mãe, que entra, segurando uma trouxa, passa por ele sem o ver, e pula a janela. Luiz pula atrás dela.

Luiz cai como de um prédio de dez andares. "Aterrissa" no Rio de Janeiro. Vê sua mãe correndo, ao longe; corre atrás dela, chamando-a. Consegue chegar mais perto, mas, subitamente, ele está do lado de um precipício, e sua mãe do outro. Ele a vê ser presa por oficiais da justiça, e a escuta chamá-lo, pedindo ajuda.

São Paulo, prisão militar, 1854: Luiz acorda dando um grito e salta da cama.

LUIZ GAMA Mãe! Mãe! MÃE!

Seus companheiros de cela acordam, assustados. Os prisioneiros das outras celas reclamam e xingam, revoltados.

Luiz, ainda dentro do clima do sonho, encaixa a cabeça no espaço entre duas grades, olha para os dois lados do corredor. Acaba de acordar e chora, com a certeza de que nunca mais verá a mãe.

LUIZ GAMA (*VOICE OVER*) *Era solitário e silencioso e longo e lôbrego o corredor da prisão, mal alumiado pela luz amarelenta de esfumarada lanterna.*

* Lôbrego: lúgubre, escuro, sombrio, assustador.
* Esfumarada: esfumaçada.

Luiz conversa com os outros de sua cela, que contam fatos semelhantes. Todos voltam a se deitar para dormir. Luiz chora e dorme.

O AMIGO DE TODOS, EM CAUSA PRÓPRIA

São Paulo, casa de Luiz Gama, 1880: Luiz termina a carta para seu amigo Lúcio, falando em voz alta o que escreve:

LUIZ GAMA *Desde que fiz-me soldado, comecei a ser homem: porque até os dez anos fui criança; dos dez* aos dezessete, fui escravo; dos *dezoito* em diante, *fui soldado. Fiz versos; escrevi para muitos jornais; colaborei em outros literários e políticos. E redigi alguns.*

Luiz molha a pena na tinta, mas fica um tempo olhando para a frente, com o olhar perdido, nostálgico. Volta a escrever.

LUIZ GAMA *Agora chego ao período em que, meu caro Lúcio, nos encontramos no "Ipiranga" à rua do Carmo, de onde saí para o foro e para a tribuna, onde ganho o pão para mim e para os meus, que são todos os pobres, todos os infelizes; e para os míseros escravos, que, em número superior a quinhentos, tenho arrancado às garras do crime.*

Luiz suspira, respira fundo, encerra:

LUIZ GAMA *Eis o que te posso dizer, às pressas, sem importância e sem valor; menos para ti, que me estima deveras.*
Teu Luiz.

São Gonçalo do Sapucaí, casa de Lúcio Mendonça, 1881: Luiz e seu amigo conversam.

LÚCIO Essa foi, talvez, a carta mais bonita que recebi em toda a minha vida. Não, foi certamente a mais linda. Serei eternamente grato. Mas faltou falar de teu grande feito. Conte-me com detalhes a defesa em causa própria.

LUIZ Tudo começou no prédio do largo São Francisco...

Largo São Francisco, entrada do prédio da Faculdade de Direito da USP, 1850: Luiz Gama entra no prédio, recebendo olhares hostis de alguns dos alunos que estão por ali. Sobre as imagens, LETREIRO: 1950.

Luiz caminha por um corredor; examina um mural em busca de informação.

Sobe uma escada. Anda por um corredor, olhando para cada porta que encontra aberta. Entra em uma das grandes salas de aula. Sob o olhar de reprovação do professor e de alguns alunos, e de admiração de outros (poucos), Luiz vai para o fundo da classe, senta-se, abre um caderno e pega um lápis.

LUIZ GAMA (*VOICE OVER*) Fui tão desprezado e hostilizado, que desisti de terminar o curso. Mesmo assim, me tornei alguém chamado "o amigo de todos". E, entre tantos, defendi a mim mesmo.

São Paulo, tribunal: nosso herói apresenta sua defesa para um trio de juízes, sem convencê-los de que nasceu livre e que, portanto, deveria recuperar a liberdade. Ele apresenta seus argumentos de maneira clara, contendo a emoção.

Quando tudo parece perdido, Luiz anuncia a presença de uma testemunha. Entra seu pai, envelhecido, muito emocionado, envergonhado e, ao mesmo tempo, orgulhoso por prestar o depoimento que poderá desfazer seu crime hediondo, agradecido ao filho por dar-lhe essa oportunidade.

O depoimento do personagem apresentado como "sr. Gonzaga Pinto da Gama" cresce em ênfase e sentimento, e, ao findá-lo, vemos que os juízes foram convencidos e devolverão a Luiz sua liberdade.

Observação: optamos por não inventar um nome para o pai de Luiz, já que nosso herói fez questão de mantê-lo em segredo até mesmo para um bom amigo, e também porque esse depoimento não foi citado em sua carta autobiográfica.

São Gonçalo do Sapucaí, casa de Lúcio Mendonça, 1881: Luiz e seu amigo Lúcio conversam.

LÚCIO E que fim levou o alferes Cardoso, que te estimava, mas não a ponto de dar-te a liberdade?

LUIZ GAMA Tornou-se *fazendeiro no município de Lorena, nesta Província.*

Lorena, cidade do interior do estado de São Paulo, fazenda do alferes Cardoso, 1857: chegam oficiais da justiça para prendê-lo.

LUIZ GAMA (*VOICE OVER*) *Há oito ou dez anos,* o sr. Cardoso, *já com idade maior de sessenta a setenta anos, no momento em que ia ser preso por ter morto alguns escravos a fome, em cárcere privado...*

Dentro do casarão da fazenda, Antônio Pereira Cardoso está sozinho. Anda de cômodo em cômodo até chegar a um depósito, onde procura e acha um baú de madeira, de onde tira pistola e balas.

Vemos a casa pelo lado de fora. As árvores e os arbustos necessitados de poda são violentamente balançados por uma forte ventania que muda subitamente de direção. Ouvimos um tiro. Os oficiais de justiça correm para dentro do casarão.

LUIZ GAMA (*VOICE OVER*) ... *suicidou-se com um tiro de pistola, cuja bala atravessou-lhe o crânio.*

São Paulo, sede da Academia Paulista de Letras: estão presentes colegas ilustres de Luiz Gama, como Lúcio de Mendonça (o "pai" da Academia Brasileira de Letras). Luiz, com todo o seu poder de orador, termina o discurso como novo membro e é ovacionado por todos.

Vemos Luiz cada vez mais de perto: ele olha para sua esposa e seu filho, para tantos amigos. Vê-se em seu rosto uma mistura de orgulho, cansaço, gratidão, o peso das recordações de golpes de vários tipos que sofreu pela vida e, ao mesmo tempo, a satisfação por tantas vitórias e a esperança em um mundo mais justo e melhor para todos. Seu sorriso ilumina a sala.

O EPÍLOGO

São Paulo, cemitério da Consolação, tempos atuais: a guia turística e os turistas andam pelos corredores do cemitério.

GUIA TURÍSTICA Luiz Gama faleceu em 1882, seis anos antes do fim da escravidão no Brasil. Um dos principais batalhadores dessa luta não participou da festa da vitória. Seu enterro foi o maior enterro de todos os tempos em São Paulo. Três mil pessoas, de uma população de 40 mil, acompanharam Luiz em seu caminho da residência até aqui, fora os muitos outros que pararam para ver o féretro passar.

São Paulo, ruas da cidade e cemitério da Consolação, 1882: vemos as cenas descritas em *voice over* pela guia.

GUIA TURÍSTICA (*VOICE OVER*) O cortejo que atravessou o centro saiu às três horas da tarde e só chegou aqui quando anoitecia, porque muitas foram as pausas para discursos emocionados. Atrás da multidão de pessoas de todas as classes sociais vinham várias carruagens e o coche fúnebre que deveria levar o caixão, que foi carregado por vários homens que se revezavam, tantos foram os que disputaram aquela honra.

As cenas continuam, a voz da guia vai sumindo, e a música cresce em volume e intensidade. Sobre as imagens, LETREIRO: 133 anos após sua morte, em 2005, Luiz Gama recebeu da Ordem dos Advogados do Brasil o título oficial de advogado.

LETREIROS FINAIS: enquanto a ficha artística e técnica do filme passa, vemos notícias reais sobre casos de escravidão nos tempos atuais no Brasil e em outros países.

CHIQUINHA GONZAGA,
A ABRE-ALAS

CHIQUINHA, DE TRÁS PRA FRENTE

Uma peça biográfica musical[3]

Um canhão ilumina, com seu círculo de luz, o centro do palco.

Na frente da cortina de veludo e franja dourada, entra o mestre de cerimônias.

MESTRE DE CERIMÔNIAS Reeeeeespeitável público! É com muita honra e grande prazer que anuncio o nascimento, na capital do Império, de Francisca Edwiges Neves Gonzaga.

O mestre de cerimônias joga para o alto o lenço que tem em mãos. O lenço se transforma em uma pomba que dá duas voltas no lustre de cristal do teatro e sai de cena.

MESTRE DE CERIMÔNIAS Neste dia 17 de outubro de 1847, nasceu a filha do general do Exército Imperial Brasileiro José Basileu Gonzaga e de d. Rosa Maria de Lima.

Entram o pai e a mãe com Chiquinha, bebê, no colo.

MESTRE DE CERIMÔNIAS Interessa-lhes saber que os pais não eram casados, que ele era branco e ela, mulata, e antes de Francisca nascer eles já tinham uma menina e um menino? Interessa-lhes saber que não muito tempo depois desse terceiro nascimento eles se casaram e o pai adotou os dois primeiros filhos?

3. Esta peça foi escrita por Flavio de Souza, autor deste livro, especialmente para esta edição.

Entram e se juntam aos pais os irmãos de Chiquinha. Os pais trocam alianças.

MESTRE DE CERIMÔNIAS O que certamente interessa, senhoras e senhores, é que em nove anos a pequena Francisca ganhará de presente um piano, objeto tão fundamental nos lares cariocas quanto roupas e acessórios da moda, separando as boas famílias da gentalha sem valor.

A cortina começa a se abrir, revelando um palco no qual há um cenário de várias camadas chapadas e recortadas que mostram, em profundidade, a parte mais espetacular da baía da Guanabara, que inclui, é claro, o Pão de Açúcar.

Antes que a cortina se abra completamente, cinquenta pianos entram em cena, cada um em um carrinho, se movimentando por controle remoto; na frente de cada piano há uma garota, e todas tocam a polca "Atraente", o primeiro e um dos maiores sucessos compostos por Chiquinha.

Os pianos se movimentam pelo palco, fazendo uma verdadeira coreografia.

MESTRE DE CERIMÔNIAS Que música atraente, hein, minha gente?! E "Atraente" é o título deste primeiro sucesso da compositora Francisca Gonzaga.

De dentro de cada um dos pianos sai um rapaz, que tira a cartola da cabeça e faz reverência a "sua" garota.

MESTRE DE CERIMÔNIAS O Rio de Janeiro ainda não era chamado de Cidade Maravilhosa, e um de seus apelidos era, vejam só, Cidade dos Pianos.

Os pianos continuam dançando pelo palco, mas agora eles tocam por conta própria. Cada rapaz puxa "sua" garota pelo braço, e os casais dançam sobre a tampa do piano.

Um piano mais brilhante entra em cena, também sobre um carrinho móvel, com uma menina vestida de acordo com a moda da época, com um grande laço na cabeça. É Chiquinha, aos onze anos. Ela olha compenetrada, sorrindo, para o teclado do piano.

MESTRE DE CERIMÔNIAS E aí vem ela, nossa personagem principal, com onze anos, chamada por todos de Chiquinha, prestes a criar sua primeira composição musical.

A pequena Chiquinha levanta os braços. Quando os desce para tocar as primeiras notas, ela paralisa. Todos os pianos, as garotas e os rapazes também ficam imóveis.

MESTRE DE CERIMÔNIAS Este momento dividirá a vida de Chiquinha Gonzaga em antes e depois. Por isso mesmo, vamos deixá-lo para o *grand finale* do espetáculo.

O palco todo gira, fazendo os cinquenta pianos e os cinquenta casais, além da pequena Chiquinha, saírem de cena bem rapidamente.

Ao mesmo tempo, uma escadaria dourada desce do alto do palco, como se surgisse do céu. Em volta da escadaria flutuam nuvens furta-cor; atores, cantores e bailarinos vestidos de anjos, arcanjos, querubins e serafins cantam e dançam suavemente, batendo as asas.

Entra em cena, andando com dificuldade, Chiquinha Gonzaga, com oitenta e sete anos, de braço dado com seu terceiro marido, João Batista, trinta e seis anos mais novo que ela. Chiquinha olha para o público e sorri.

CHIQUINHA Com bem pouca reverência e muita satisfação, me despeço desta vida dois dias antes do Carnaval de 1935, no qual acontecerá o primeiro concurso de escolas de samba. Estarei alguns dias adiantada? Ou alguns anos atrasada, pois que já vivi quase nove décadas?

Além de imaginar que encontrarei muitos entes queridos no paraíso celeste, vou-me sem medo nem tristeza, já que vivi e convivi intensamente, fiz de quase tudo um pouco e mais um bom-bocado. Realizei quase todos os meus sonhos, desejos e anseios.

Sofri e chorei, porém também fui feliz e sorri. Dei passos gigantescos, abri algumas portas para nós, mulheres, e outras ainda deverão ser abertas por novas brasileiras que virão. Conheci meio mundo, criei quatro filhos, me sustentei com meia dúzia de profissões.

A cortina de meu palco vai se fechando, as luzes de minha ribalta vão se apagando e lá no alto as estrelas piscam, me chamando.

Talvez tenha que dar uma passadinha no purgatório, pois, em batalhas que travei, cometi atos condenáveis e alguns pecados, já que sou humana.

Agora abram alas que eu daqui já me vou. Para quem fica, tudo de bom, adeus!

Chiquinha beija e abraça João Batista e começa a subir a escadaria, enquanto ouvimos trechos de várias de suas composições, numa mistura caótica, umas sobrepostas às outras, até que, aos poucos, a melodia de "Passos no choro" se destaca na cena.

A cada degrau, Chiquinha sobe com mais facilidade, seu corpo vai rejuvenescendo. Ela acaba de subir dançando, lépida, serelepe, animada.

A data 1935 surge projetada no palco.

MESTRE DE CERIMÔNIAS Dia 28 de fevereiro, Chiquinha Gonzaga bateu asas e voou.

A escada desaparece no alto do palco, enquanto Chiquinha ainda dança, subindo degrau por degrau.

MESTRE DE CERIMÔNIAS Em sua despedida, nada de choro, só um chorinho de fundo musical. Para contar, de trás pra frente, a trajetória de Chiquinha Gonzaga, comecemos enumerando algumas de suas maiores realizações.

Um bloco carnavalesco passa lentamente da direita para a esquerda do palco, cantarolando — sem dizer a letra — a marchinha "Ô abre alas".

MESTRE DE CERIMÔNIAS Primeira mulher a reger uma orquestra no Brasil!

Uma das integrantes do bloco levanta a mão, como se segurasse uma baqueta, e rege o resto dos integrantes, que fazem mímica de tocar instrumentos musicais.

MESTRE DE CERIMÔNIAS Primeira mulher compositora de música popular do Brasil!

Os integrantes do bloco levantam placas que, juntas, formam uma partitura musical, como acontece em estádios durante abertura de campeonatos; a Chiquinha do bloco faz movimentos com uma pena usada na época para escrever.

MESTRE DE CERIMÔNIAS Autora da primeira composição musical feita especialmente para o Carnaval!

Os integrantes do bloco mostram o outro lado das placas, formando agora a partitura da marchinha "Ô abre alas".

Em seguida, todos voltam a dançar e cantar, dessa vez com a letra.

BLOCO *Ô abre alas,*
que eu quero passar;
ô abre alas,
que eu quero passar.

Eu sou da Lira,
não posso negar;
eu sou da Lira,
não posso negar.

Ô abre alas,
que eu quero passar;
ô abre alas,
que eu quero passar.

Rosas de Ouro é quem vai ganhar;
Rosas de Ouro é quem vai ganhar.

Todos do bloco carnavalesco tiram adereços de seus figurinos e passam de palhaços e colombinas para mulheres de diferentes camadas da sociedade brasileira da época.

MESTRE DE CERIMÔNIAS Chiquinha foi também uma das primeiras mulheres brasileiras a se separar de um marido que a traía — no caso dela, de dois maridos que a traíram — para viver em liberdade, desdobrando-se para se sustentar.

O palco gira, revelando seis cenários independentes, onde seis atrizes interpretam Chiquinha. Uma delas cuida de quatro crianças, dois meninos e duas meninas.

MESTRE DE CERIMÔNIAS Mãe de quatro filhos!

Outra Chiquinha dá aula de piano e de outras matérias.

MESTRE DE CERIMÔNIAS Professora de piano, canto, português, francês, geografia e história!

Outra Chiquinha compõe na frente de um piano.

MESTRE DE CERIMÔNIAS Compositora de trilhas sonoras para peças de teatro musicais!

Outra Chiquinha toca piano em loja de partituras e instrumentos musicais.

MESTRE DE CERIMÔNIAS Pianista em cinemas e lojas!

Outra Chiquinha rege uma pequena orquestra.

MESTRE DE CERIMÔNIAS Maestrina!

Outra Chiquinha vende partituras na rua.

MESTRE DE CERIMÔNIAS Abolicionista na teoria e na prática, também vendia partituras próprias para arrecadar fundos para a campanha e comprar a liberdade de escravos!

O palco gira, fazendo as seis Chiquinhas e os coadjuvantes saírem de cena e revelando um grande portal com uma placa onde está escrito: SBAT, sigla da Sociedade Brasileira de Autores Teatrais.

Além de outra Chiquinha, há várias pessoas em roupas de gala. Chiquinha segura uma grande tesoura.

Aparece a data 1917 projetada no palco.

Chiquinha corta com a tesoura uma faixa que há na frente do portal, inaugurando a SBAT.

MESTRE DE CERIMÔNIAS Como se não bastasse, ela foi também iniciadora, fundadora, sócia e patrona da Sociedade Brasileira de Autores Teatrais, que passou a defender e arrecadar os direitos autorais de autores e compositores, coroando uma luta vitoriosa que começara quatro anos antes, em 1913.

O palco gira, tirando o cenário de cena, enquanto desce um telão pintado, típico dos espetáculos teatrais da época, com uma paisagem bucólica de "faz de conta".

Ao mesmo tempo, entra em cena o coro de cantores dançarinos com figurinos de personagens rurais, também com uma dose de fábula, cantarolando — sem letra — a canção que seguirá.

Alguns deles têm em mãos viola, sanfona e outros instrumentos e tocam no palco.

MESTRE DE CERIMÔNIAS A menina Chiquinha teve formação cultural e musical europeia, como os filhos de todas as famílias "de bem". A compositora Chiquinha Gonzaga procurou conhecer e incorporou em sua obra os ritmos brasileiros e transformou-os em obras "de brasileiros, sobre brasileiros, para brasileiros". Além disso, em suas letras, fez o mesmo com temas, personagens, expressões e vocabulários, como na canção "Casa de caboclo"!

Caboclos cantam e dançam "Casa de caboclo".

CABOCLOS *Você tá vendo essa casinha*
simplesinha,
toda branca de sapê.
Diz que ela véve no abandono,
não tem dono
e, se tem, ninguém não vê.

Tem duas cruz entrelaçada bem
na estrada,
escrevero por detrás:
"numa casa de caboclo,
um é pouco
dois é bom, três é demais".

O telão pintado se abre ao meio, revelando a fachada de um grande edifício, o palácio do Catete, sede do governo presidencial.

Enquanto isso, os cantores dançarinos do coro são substituídos por outros, com roupas típicas de personagens urbanos da época.

MESTRE DE CERIMÔNIAS Palácio do Catete. Belo edifício, que pertenceu ao barão de Nova Friburgo e foi doado para o governo em 1897, passando a ser o local de trabalho e residência do presidente da República quando o Rio de Janeiro era a capital federal.

A data 1929 surge projetada no palco.

MESTRE DE CERIMÔNIAS Vamos fugir um pouco da linha do tempo. Voltemos para o ano 1929. O atual morador do "bangalô" é Washington Luís. Na mais pura irreverência carioca, foi feita uma paródia da canção "Casa de caboclo" para as eleições, que aconteceriam no ano seguinte para a escolha de seu sucessor e que foram vencidas pelo paulista Júlio Prestes.

Os personagens urbanos cantam e dançam a paródia. Alguns deles têm instrumentos e tocam no palco.

URBANOS *Vancê conhece o palacete*
do Catete,
o mais rico do país?

Qué pro ali fazê seu ninho
seu Toninho,
que é de Minas maiorá.

Mas seu Julinho, que é paulista,
tem as vista
nessa mesma habitação.

Um deles dois tem que ir-se embora,
Pru móde que no palacete do Catete
um é bom, dois é... demais!

No céu do cenário são projetados fogos de artifício. Os personagens urbanos aplaudem.

MESTRE DE CERIMÔNIAS Júlio Prestes foi eleito o décimo terceiro presidente do Brasil. Mas... sempre tem um "mas", não tem?

Os fogos de artifício se transformam em bombas e tiros. Os personagens urbanos gritam e fogem.

MESTRE DE CERIMÔNIAS Antes de assumir a função, "Julinho" foi deposto pelo outro partido, do gaúcho Getúlio Vargas e a turma dele, inaugurando uma fase chamada República Nova. Esse forrobodó ficou conhecido como Revolução de 1930 e foi a última página na história da República Velha.

MESTRE DE CERIMÔNIAS Chiquinha, ao contrário, vai em frente, para trás...

A fachada do palácio se abre, mostrando um dos salões onde os presidentes trabalhavam na época em que o Rio de Janeiro era a capital federal.

MESTRE DE CERIMÔNIAS Estamos no palácio do Catete, onde haveria a festa de despedida do presidente Hermes da Fonseca, no fim de seu mandato, para a qual Chiquinha foi convidada.

Um rapaz está tocando, ao piano, uma valsa de Chopin bem conhecida.

MESTRE DE CERIMÔNIAS O convite foi feito por sua amiga Nair de Tefé, segunda esposa do presidente e, portanto, primeira-dama do Brasil, além de ser a primeira mulher brasileira a fazer caricaturas profissionalmente.

Terminada a valsa, os presentes, damas e cavalheiros muito distintos, aplaudem com entusiasmo, mas sem fazer muito esforço e sorrindo bastante.

MESTRE DE CERIMÔNIAS Ouçam os comentários dos convidados do sarau.

Todos continuam sorrindo e tecem comentários, uns para os outros, entredentes.

CAPITÃO VELHACO Você não acha que essa Nair de Tefé sente-se demasiadamente à vontade no palácio do governo?

NARIGUDA DA PÁ VIRADA Sim, mas lembre-se de que o palácio do Catete é também a residência do presidente e de sua esposa.

CAPITÃO VELHACO Eu sei disso, mas para tudo há um limite.

BIGODUDO BARRIGUDO Ultrapassar limites é a especialidade dessa senhora.

BAIXINHA ENFEZADA Tornar-se a primeira mulher cartunista do mundo é um grande feito, mas um título dispensável para a primeira-dama de uma nação.

CONDE GALÃ BANGUELA Mas, pensando bem, tem tudo a ver, pois ela mesma parece uma caricatura.

MADAME DE CARA CHEIA Mas ela é de família nobre, afinal seu nome é Nair de Tefé von Hoonholtz, não é?

MARQUESA DE CARA FEIA No entanto, é artista, boêmia e amiga de pessoas desclassificadas, das camadas mais baixas da sociedade.

RUI BARBOSA Ser amiga é até louvável, mas convidar para um sarau no palácio presidencial não só é inadequado, como ultrajante.

MOCINHA TINHOSA Tem alguém assim aqui hoje? Onde? Aquela ali?

VELHINHO IRADO Não, aquela à frente, à direita.

MOCINHA TINHOSA Quem é ela?

VELHINHO IRADO Aquela divorciada notoriamente adúltera, que preferiu abandonar dois filhos pequenos a permanecer no lar, como era sua obrigação.

A primeira-dama Nair de Tefé pega um violão, o que deixa todos os presentes boquiabertos.

FRANCESA DE ARAQUE Mas o que é isso que madame Nair está segurrando agorra? Um cello? *Non, mon Dieu!* É um violon!

RUI BARBOSA Que ousadia exibir um instrumento vulgar em pleno palácio presidencial!

MAESTRO CARECA O que ela pretende fazer com essa coisa? Tocar?

MARQUESA DE CARA FEIA Ela não só vai tocá-lo, como convidar a amiga para acompanhá-la na execução de uma música ordinária qualquer!

MESTRE DE CERIMÔNIAS Depois de uma série de composições clássicas europeias, a primeira-dama se apresenta ao violão com o maxixe "Corta-jaca", de autoria de Francisca Gonzaga!

Nair de Tefé toca um acorde no violão.

MESTRE DE CERIMÔNIAS Notem o espanto e a indignação de todos os presentes.

Aparece a data 1914 projetada no palco.

NAIR DE TEFÉ *Neste mundo de misérias*
quem impera
é quem é mais folgazão,
é quem sabe cortar jaca
nos requebros
de suprema perfeição, perfeição.

Ai, ai, como é bom dançar, ai!
Corta-jaca assim, assim, assim,
mexe com o pé!
Ai, ai, tem feitiço, tem, ai!
Corta, meu benzinho, assim, assim!

Nair chama Chiquinha, que vai até ela.

MESTRE DE CERIMÔNIAS E agora ouçam a indignação e a revolta dos já citados.

MAESTRO CARECA Que sacrilégio! Um maxixe no Catete!

BAIXINHA ENFEZADA O que é maxixe?

MAESTRO CARECA Um tango popular.

BAIXINHA ENFEZADA Que sacrilégio! Um tango popular no Catete!

MARQUESA DE CARA FEIA Onde já se viu a primeira-dama de uma nação proferir palavras buliçosas e requebrar!

MADAME DE CARA CHEIA Na frente de tantas pessoas da fina flor da sociedade e neste local tão distinto...

VELHINHO IRADO Fosse onde fosse, na frente de quem fosse, ora essa!

BIGODUDO BARRIGUDO E essa d. Francisca é a autora desse maxixe?

NARIGUDA DA PÁ VIRADA Francisca? Ela é chamada de Chiquinha pelos que apreciam seus batuques.

CAPITÃO VELHACO E o que é que se pode esperar de uma descendente de escravos alforriados no batismo...

MARQUESA DE CARA FEIA E filha de mãe solteira.

FRANCESA DE ARAQUE Parrece que o pai, que erra militar, casou-se com a mãe logo depois do nascimento da *jeune femme*.

CONDE GALÃ BANGUELA E o casal já tinha dois outros rebentos.

MOCINHA TINHOSA Vamos dar nomes aos bois? Essa senhora é uma bastarda.

BIGODUDO BARRIGUDO Uma bastarda que abandonou marido e dois filhos...

MAESTRO CARECA Levando com ela o primogênito...

NARIGUDA DA PÁ VIRADA Para viver em pecado com um engenheiro de estradas de ferro...

VELHINHO IRADO Que foi abandonado logo depois do nascimento de outra pequena criatura infeliz...

FRANCESA DE ARAQUE Deixando no mundo mais uma criança sem mãe!

MAESTRO CARECA E o que vocês me dizem da apresentação?

RUI BARBOSA É aviltante! Maior quebra de protocolo, nunca vi!

BIGODUDO BARRIGUDO Como se intitula esse canto de selvagens?

MAESTRO CARECA "Corta-jaca".

NARIGUDA DA PÁ VIRADA Não poderia ser pior.

MADAME DE CARA CHEIA Poderia, sim, poderia ser "Parte-coco".

MAESTRO CARECA E o nome original, sabem qual é? "Gaúcho"!

VELHINHO IRADO Está explicada a escolha!

FRANCESA DE ARAQUE Porr quê? *Êtes-vous* gaúcho?

RUI BARBOSA O excelentíssimo senhor casado com a amiga dessa senhora é!

FRANCESA DE ARAQUE O prresidente de la Republique?

RUI BARBOSA O próprio, que, aliás, está de saída.

BAIXINHA ENFEZADA E, diga-se de passagem...

VÁRIOS CONVIDADOS Já vai tarde!

Nair e Chiquinha cantam juntas, a duas vozes, como fazem as duplas sertanejas. Enquanto isso, entram vinte bailarinas vestidas como violões. Elas dançam em volta de Nair de Tefé e Chiquinha, dedilhando as cordas de seu próprio figurino.

NAIR DE TEFÉ E CHIQUINHA *Esta dança é buliçosa,*
tão dengosa
que todos querem dançar.
Não há ricas baronesas
nem marquesas
que não saibam requebrar, requebrar.

Este passo tem feitiço,
tal ouriço
faz qualquer homem coió.
Não há velho carrancudo
nem sisudo
que não caia em trololó, trololó.

Entram vinte dançarinos vestidos como os rapazes da época: estudantes, comerciantes, jornalistas, funcionários, policiais, artistas.

Cada um coloca as mãos na cintura de uma das bailarinas-violões, e os pares dançam, enquanto os rapazes dedilham as cordas dos figurinos.

Quem me vir assim alegre
no Flamengo
por certo se há de render.
Não resiste com certeza,
com certeza,
esse jeito de mexer.

Entram mais quatro dançarinos, vestidos de escravos malandros, carregando uma enorme jaca de papier maché. *Eles colocam a jaca no chão e, com facões que trazem presos na cintura, a cortam; de dentro saem quatro bailarinas vestidas como mucamas, que, assanhadas pelo palco, fogem dos escravos malandros.*

Um flamengo tão gostoso,
tão ruidoso,
vale bem meia-pataca.
Dizem todos que na ponta,
está na ponta
nossa dança corta-jaca, corta-jaca!

O palco gira, fazendo desaparecer o interior do palácio.

MESTRE DE CERIMÔNIAS No dia seguinte, o sarau foi assunto na cidade. Os comentários chegaram até ao Senado, pelas mãos e pela garganta de Rui Barbosa.

Surge uma tribuna, atrás da qual está Rui Barbosa, discursando no Senado.

RUI BARBOSA Uma das folhas de ontem estampou em fac-símile o programa da recepção presidencial em que, diante do corpo diplomático, da mais fina sociedade do Rio de Janeiro, aqueles que deviam dar ao país o exemplo das boas maneiras mais distintas e dos costumes mais reservados elevaram o corta-jaca à altura de uma instituição social. Mas o corta-jaca de que eu ouvira falar há muito tempo, que vem a ser ele, Sr. Presidente? A mais baixa, a mais chula, a mais grosseira de todas as danças selvagens, a irmã gêmea do batuque, do cateretê e do samba. Mas nas recepções presidenciais o corta-jaca é executado com todas as honras de Wagner, e não se quer que a consciência desse país se revolte, que as nossas faces se enrubesçam e que a mocidade se ria!

A tribuna sai de cena, levando Rui Barbosa, enquanto desce um telão pintado com uma versão caricata e mais colorida da fachada do palácio do Catete.

MESTRE DE CERIMÔNIAS O gaúcho Hermes da Fonseca, que já era chamado de "Dudu da Urucubaca" por causa de seu conturbado e azarado mandato, passou a ser chamado também de "Corta-Jaca".

Entram vários atores caracterizados como tipos da sociedade carioca, dançando e cantando a música tema da revista "Ai, Philomena".

POVO *A minha sogra*
morreu em Caxambu
com a tal urucubaca
que lhe deu o seu Dudu.

Dudu tem uma casa
que nada lhe custou
porque nesse "presente"
foi o povo quem "marchou".

Ai, Philomena,
se eu fosse como tu,
tirava a urucubaca
da careca do Dudu.

Sobe o telão, e já podemos ver, ao fundo, um palco menor, com cortina, pernas, bambolinas e ribalta.

A data 1912 surge projetada no palco.

MESTRE DE CERIMÔNIAS No dia 11 de junho de 1912 estreia o sucesso teatral de Chiquinha, um dos maiores do teatro brasileiro: *Forrobodó!*.

O palco menor vai lentamente para a frente, enquanto rola a cena com Luiz Peixoto e Carlos Bettencourt.

MESTRE DE CERIMÔNIAS E a trajetória dessa burleta do papel para o palco foi mesmo um forrobodó.

Luiz Peixoto e Carlos Bettencourt entram sobre um tablado, onde há uma cadeira e uma mesa com folhas de papel, um tinteiro e uma pena para escrever.

MESTRE DE CERIMÔNIAS Para quem faltou nessa aula, "forrobodó" é o mesmo que festança, desordem, confusão, e a palavra "burleta" é o diminutivo de "burla", ação de enganar através de artimanhas, pregar peças em alguém, zombar. Burleta era um tipo de teatro, uma comédia de zombaria quase sempre com músicas cantadas.

Carlos Bettencourt pega a pena, molha no tinteiro e se prepara para escrever.

MESTRE DE CERIMÔNIAS Tudo começou às oito horas de uma noite de 1911, num quarto de pensão na rua do Catete, onde morava Luiz Peixoto. Ele e um amigo, Carlos Bettencourt, tinham decidido ser dramaturgos.

LUIZ PEIXOTO O que vamos criar, Carlos?

CARLOS BETTENCOURT Uma burleta.

Pausa.

LUIZ PEIXOTO Vamos pensar no nome agora ou depois?

CARLOS BETTENCOURT O melhor jeito de começar alguma coisa é pelo começo, Luiz.

LUIZ PEIXOTO Bem pensado.

CARLOS BETTENCOURT Então, tá. A história é aquela que nós já começamos a inventar, sobre uma baita confusão durante um baile de subúrbio.

LUIZ PEIXOTO Baile. Subúrbio. Confusão.

Pausa.
Subitamente, os dois têm a mesma ideia.

LUIZ PEIXOTO E CARLOS BETTENCOURT Forrobodó!

Um letreiro com lampadinhas onde está escrito "FORROBODÓ" desce rapidamente do alto do palco, como se despencasse. Mas as lampadinhas não acendem.

LUIZ PEIXOTO Vamos lá.

CARLOS BETTENCOURT (*escrevendo*) Forrobodó. Burleta de costumes cariocas...

LUIZ PEIXOTO ...em três atos.

CARLOS BETTENCOURT É pra tanto?

LUIZ PEIXOTO Se é pra ser, que seja!

CARLOS BETTENCOURT Apoiado. (*escrevendo*) Em três atos, de Luiz Peixoto...

LUIZ PEIXOTO Por que meu nome em primeiro lugar?

CARLOS BETTENCOURT Porque sou cavalheiro. E seu amigo. E este quarto, esta mesa e esta cadeira são seus.

LUIZ PEIXOTO E o papel, a pena e o tinteiro.

Risos.

CARLOS BETTENCOURT (*escrevendo*) ...e Carlos Bettencourt. Música de...

Pausa.

LUIZ PEIXOTO E CARLOS BETTENCOURT Francisca Gonzaga!

LUIZ PEIXOTO Você acha que ela faria isso para dois novatos?

CARLOS BETTENCOURT Se é pra ser...

LUIZ PEIXOTO ...que seja!

Risos.

No outro lado do palco, surge outro tablado, com um piano e uma banqueta, na qual está sentada Chiquinha. Ela toca, pensa, experimenta e anota, como se estivesse compondo.

CARLOS BETTENCOURT (*escrevendo*) Primeiro ato.

Pausa longa.

Luiz e Carlos sobem ao palco menor e apontam e indicam, um para o outro, objetos e pessoas que vão descrevendo, como se imaginassem a construção de uma casa a partir dos alicerces.

LUIZ PEIXOTO Trecho de rua suburbana. Ao fundo...

CARLOS BETTENCOURT ...fachada de casa assobradada, com sacada...

LUIZ PEIXOTO ...e portas praticáveis no térreo...

CARLOS BETTENCOURT ...e no primeiro andar.

LUIZ PEIXOTO Mastro com a bandeira e o escudo do clube.

CARLOS BETTENCOURT Época?

LUIZ PEIXOTO 1910.

Pausa.

CARLOS BETTENCOURT Alguém já está em cena quando as cortinas se abrem.

LUIZ PEIXOTO O encarregado da porta, que se chama...

CARLOS BETTENCOURt Praxedes.

LUIZ PEIXOTO Praxedes?

CARLOS BETTENCOURT Eu tenho um primo chamado Praxedes.

LUIZ PEIXOTO Esplêndido.

Luiz ri e continua.

LUIZ PEIXOTO Há um intenso movimento no interior de um clube no subúrbio.

Ouvimos música fora de cena.

CARLOS BETTENCOURT À porta de entrada, Praxedes, com a braçadeira da agremiação, recebe os associados que chegam.

Entram em cena, no palco do teatro menor, atores como curiosos e associados.

LUIZ PEIXOTO Na rua, curiosos e associados.

Ouvimos apitos fora de cena.

CARLOS BETTENCOURT Ouvem-se apitos insistentes, fora de cena.

Pausa.
Entram atores vestidos com camisola, penhoar, robe, gorro etc.

LUIZ PEIXOTO Entram vários homens e mulheres, em roupas de dormir.

CARLOS BETTENCOURT É o coro?

LUIZ PEIXOTO É o coro geral, que canta.

Chiquinha, Luiz, Carlos e o coro geral cantam.

AUTORES E CORO GERAL *Que será? Que haverá? Sarrabulho?*
Por que está todo o povo alarmado?
Que barulho! Que barulho!
Não se pode dormir sossegado!

Chiquinha, Luiz, Carlos e o coro feminino cantam.

AUTORES E CORO FEMININO *Que foi isso? Que foi isso?*
Por que tanto reboliço?

CARLOS BETTENCOURT Entra o guarda Sebastião, apitando desesperadamente.

LUIZ PEIXOTO E canta.

Entra Sebastião, apitando. Carlos continua escrevendo. Ele, Chiquinha e Luiz cantam, mas sem emitir som.

SEBASTIÃO *De polícia não há furo,*
de apitar cansado estou!
O ladrão saltou o muro.
Bateu asas e voou!

A cortina do palco menor se fecha. Chiquinha sai de cena.
Som de galo cantando.

MESTRE DE CERIMÔNIAS Às seis da manhã, o texto está pronto. Que proeza, escrever uma peça em apenas uma noite! Mas o maior feito ainda estava por vir. Luiz e Carlos saem em busca de um produtor para *Forrobodó* se tornar realidade.

Luiz e Carlos entram por um lado, com o texto debaixo do braço; do outro lado, há uma fila de produtores, que são consultados pelos dois.

CARLOS BETTENCOURT Saudações, nobre colega!

LUIZ PEIXOTO Viemos lhe apresentar seu próximo campeão de bilheteria!

CARLOS BETTENCOURT E LUIZ PEIXOTO A fabulosa, grandiosa, engraçadíssima burleta musical de costumes cariocas, *Forrobodó!*

PRODUTOR 1 Tenham dó! Não.

CARLOS BETTENCOURT E LUIZ PEIXOTO (*desanimando*) Ah...

Eles respiram fundo, armam o sorriso.

CARLOS BETTENCOURT E LUIZ PEIXOTO Próximo!

O produtor 1 sai, a dupla consulta o próximo.

CARLOS BETTENCOURT Saudações, nobre colega!

LUIZ PEIXOTO Viemos lhe apresentar seu próximo campeão de bilheteria!

CARLOS BETTENCOURT E LUIZ PEIXOTO *Forrobodó!*

PRODUTOR 2 Não!

CARLOS BETTENCOURT E LUIZ PEIXOTO (*desanimando*) Ah...

Eles respiram fundo, armam o sorriso.

CARLOS BETTENCOURT E LUIZ PEIXOTO Próximo!

O produtor 2 sai, a dupla consulta o seguinte.

CARLOS BETTENCOURT Saudações, nobre colega!

LUIZ PEIXOTO Viemos lhe apresentar seu próximo campeão de bilheteria!

CARLOS BETTENCOURT E LUIZ PEIXOTO Fó...

PRODUTOR 3 Hum...

CARLOS BETTENCOURT E LUIZ PEIXOTO Hum?!

PRODUTOR 3 Voltem no ano que vem!

CARLOS BETTENCOURT E LUIZ PEIXOTO (*desanimando*) Ah...

Eles respiram fundo, armam o sorriso.

CARLOS BETTENCOURT E LUIZ PEIXOTO Próximo!

O produtor 3 sai, a dupla consulta o outro.

CARLOS BETTENCOURT Saudações, nobre colega!

PRODUTOR 4 (*interrompendo*) Não!

LUIZ PEIXOTO Viemos lhe apresentar...

PRODUTOR 4 (*interrompendo*) Não, não!

CARLOS BETTENCOURT E LUIZ PEIXOTO Mas...

PRODUTOR 4 (*interrompendo*) Nem mais, nem menos! Não, não, não! (*saindo*) Não, não, não, não, não, não, não, não, não, não, não...

CARLOS BETTENCOURT E LUIZ PEIXOTO (*desanimando*) Ah...

Eles respiram fundo, armam um sorriso.

CARLOS BETTENCOURT E LUIZ PEIXOTO Próximo!

A dupla consulta o próximo.

CARLOS BETTENCOURT Saudações, nobre colega!

PRODUTOR 5 Colega?! Eu?!

LUIZ PEIXOTO Viemos...

PRODUTOR 5 (*interrompendo*) Me fazer perder tempo! Sumam daqui!

CARLOS BETTENCOURT E LUIZ PEIXOTO Mas o senhor...

PRODUTOR 5 (*interrompendo*) O Senhor está nas alturas, onde não tem que aturar chatos como vocês! Façam o favor de fechar a porta...

CARLOS BETTENCOURT E LUIZ PEIXOTO (*esperançosos*) Sim?

PRODUTOR 5 ...pelo lado de fora!

CARLOS BETTENCOURT E LUIZ PEIXOTO (*desanimando*) Ah...

Eles respiram fundo, armam o sorriso.

CARLOS BETTENCOURT E LUIZ PEIXOTO Próximo!

O produtor 5 sai, a dupla consulta o próximo, que é Paschoal Segreto.

MESTRE DE CERIMÔNIAS Horas depois, eles chegaram ao escritório do empresário popular Paschoal Segreto.

CARLOS BETTENCOURT Saudações...

PASCHOAL SEGRETO (*interrompendo*) Eu mereço!

LUIZ PEIXOTO Viemos...

PASCHOAL SEGRETO (*interrompendo*) E já se vão? Que bom!

CARLOS BETTENCOURT E LUIZ PEIXOTO Não! Viemos lhe apresentar em primeira mão e lhe oferecer *Forrobodó!*

PASCHOAL SEGRETO Grande coisa.

CARLOS BETTENCOURT E LUIZ PEIXOTO Mas Paschoal!

PASCHOAL SEGRETO Que intimidade é essa?

LUIZ PEIXOTO Sr. Segreto, nossa última peça é a comédia mais engraçada do mundo!

PASCHOAL SEGRETO Eu sei que vocês nunca escreveram nada antes disso.

CARLOS BETTENCOURT Mas nós estamos elaborando cada frase, cada piada, cada virada há anos!

PASCHOAL SEGRETO Essa é muito boa! Eu já ouvi isso milhões de vezes.

LUIZ PEIXOTO As músicas foram compostas pela Querida de Todos!

PASCHOAL SEGRETO E quem seria essa?

CARLOS BETTENCOURT E LUIZ PEIXOTO Chiquinha Gonzaga.

Paschoal fica menos carrancudo.

PASCHOAL SEGRETO Como é que dois fedelhos inexperientes conheceram d. Chiquinha?

LUIZ PEIXOTO Nós a procuramos.

CARLOS BETTENCOURT Sem saber se seríamos recebidos.

LUIZ PEIXOTO Chegamos à casa da mestra maestrina com as pernas bambas...

CARLOS BETTENCOURT A voz engasgada...

LUIZ PEIXOTO A fala gaga...

CARLOS BETTENCOURT O coração quase saindo pela boca.

LUIZ PEIXOTO Pois foi justamente nosso coração, ali à mostra, que a encantou.

CARLOS BETTENCOURT E a conquistou. Ela nos disse que já tinha sido jovem e inexperiente.

LUIZ PEIXOTO E ia nos dar um voto de confiança.

CARLOS BETTENCOURT Além do fato, é claro...

LUIZ PEIXOTO De que ela, simplesmente...

CARLOS BETTENCOURT E LUIZ PEIXOTO A-do-rou nosso texto!

PASCHOAL SEGRETO Não digam!

CARLOS BETTENCOURT E LUIZ PEIXOTO (*rindo*) Agora já dissemos.

Paschoal Segreto volta a ficar carrancudo, e o riso dos dois vai minguando até acabar. Subitamente Paschoal dá uma gargalhada e grita.

PASCHOAL SEGRETO (*chamando na direção da sala ao lado*) Alvarenga! Venha aqui um momento!

CARLOS BETTENCOURT Alvarenga Fonseca?

LUIZ PEIXOTO O diretor do teatro São José?

Entra Alvarenga Fonseca, de cara amarrada.

PASCHOAL SEGRETO Ele mesmo, em carne e osso.

ALVARENGA FONSECA Mais osso que carne...

Luiz Peixoto e Carlos Bettencourt riem exageradamente.

PASCHOAL SEGRETO Esses dois não vão me deixar em paz enquanto eu não concordar em pôr esse troço em cartaz.

ALVARENGA FONSECA Eu conheço um grupo de estivadores que por alguns tostões transformam esses pulhas em carne sem osso...

PASCHOAL SEGRETO Vamos acabar de uma vez por todas com isso. Monte essa peça de qualquer maneira.

CARLOS BETTENCOURT E LUIZ PEIXOTO Viva!

ALVARENGA FONSECA Vocês ouviram ele dizer "de qualquer maneira"?

CARLOS BETTENCOURT E LUIZ PEIXOTO Sim!

ALVARENGA FONSECA Isso quer dizer que nós vamos usar as fantasias velhas que estão amontoadas no depósito.

PASCHOAL SEGRETO Ou seja, trapos e farrapos. Está certo?

CARLOS BETTENCOURT E LUIZ PEIXOTO Está!

O sorriso de Carlos e Luiz vai ficando cada vez mais amarelo.

ALVARENGA FONSECA E restos de cenário que sobreviveram de antigas montagens.

PASCHOAL SEGRETO Ou seja, sucata. Está certo?

CARLOS BETTENCOURT E LUIZ PEIXOTO Está...!

ALVARENGA FONSECA E não vamos contratar estrelas. Duvido mesmo que alguma aceitasse.

PASCHOAL SEGRETO E o melhor ator para um papel é o ator que aceita. Está certo?

CARLOS BETTENCOURT E LUIZ PEIXOTO Está.

ALVARENGA FONSECA E a temporada vai durar uma semana.

PASCHOAL SEGRETO No total, oito espetáculos. Está certo?

Os dois engolem em seco e concordam, com um sorriso que mais parece uma careta.

CARLOS BETTENCOURT E LUIZ PEIXOTO Está...

PASCHOAL SEGRETO (*para Alvarenga*) Esses sujeitos não vão mesmo desistir.

ALVARENGA FONSECA Em pouco tempo, o teatro nacional terá desistido deles.

Os quatro saem de cena.
A ribalta na beira da frente do palco se acende devagar.

MESTRE DE CERIMÔNIAS Mal sabiam os quatro o que o futuro lhes reservava!

As luzinhas do letreiro com a palavra "FORROBODÓ" se acendem.

MESTRE DE CERIMÔNIAS Chiquinha, recém-chegada da Europa, assistiu à estreia ao lado de seu amado, que ela chamava carinhosamente de Joãozinho.

Chiquinha, com sessenta e cinco anos, passa em roupas de gala na frente do palco menor, de braço dado com Joãozinho, que tem vinte e nove anos. Enquanto isso, ouvimos uma salva de palmas que se transforma em ovação.

MESTRE DE CERIMÔNIAS A aceitação de *Forrobodó* foi imediata, e a temporada teve mil e quinhentas apresentações consecutivas! Foi o maior sucesso de toda a carreira de Chiquinha, e um dos maiores do teatro brasileiro do século 19!

O letreiro "FORROBODÓ" some pelo alto do palco.

MESTRE DE CERIMÔNIAS A vida de Chiquinha foi teatral, com lances de romance, intriga, traição, separações, nascimentos e mortes, luta por sobrevivência, direitos feministas e direitos autorais. Conquistas profissionais, fracassos e sucessos, eventos policiais, políticos e amorosos — tudo regado a música da melhor qualidade.

MESTRE DE CERIMÔNIAS Mas essa mesma biografia poderia ser contada em um filme, à alvorada da chamada sétima arte, que na época era exibida e apreciada por multidões em locais conhecidos como cinematógrafos.

Aparece a data 1909 projetada no palco.

Entra em cena, sobre um tablado, um grande piano, com um pianista sentado à frente. Durante toda a sequência de cenas mudas, ele tocará músicas incidentais, com todos os climas, como aconteceu na primeira fase do cinema.

O mestre de cerimônias narra os acontecimentos enquanto as cenas acontecem.

MESTRE DE CERIMÔNIAS Nossa heroína, depois de uma temporada na Europa, volta para a cidade cada vez mais maravilhosa, em companhia de seu último amor, fiel até o fim, Joãozinho.

Cena de viagem de navio, no ritmo frenético dos filmes mudos. Todos os gestos e as expressões são exagerados. Apesar dos grandes cenários, figurinos, adereços, muitos atores e até efeitos especiais, a encenação é bem teatral.

No tombadilho do navio, Chiquinha olha para o mar abraçada a Joãozinho. Ela está com sessenta e dois anos, e ele, com vinte e seis.

MESTRE DE CERIMÔNIAS Dois anos antes, o casal se instalou em Portugal, onde Chiquinha continuou trabalhando e brilhando.

Aparece a data 1904 projetada no palco.

Um navio de passageiros chega a Lisboa. Vários passageiros descem, inclusive Chiquinha e Joãozinho. Ao pôr os pés no cais, procuram e acham suas malas, que estão empilhadas.

Joãozinho tira de uma sacola uma câmera fotográfica, Chiquinha senta sobre uma de suas malas, fazendo pose de estrela de cinema. Ela está com cinquenta e sete anos, e ele, com vinte e um.

MESTRE DE CERIMÔNIAS Dois anos antes disso, o casal parte para o velho continente. Chiquinha começa a conquistar meio mundo.

Aparece a data 1902 projetada no palco.

Outro navio de passageiros, transatlântico, está de partida no porto do Rio de Janeiro. Chiquinha e Joãozinho sobem ao tombadilho. Observam o cais, com olhares tristes, porque não têm para quem acenar nem de quem se despedir. Ela está com cinquenta e cinco anos, e ele, com dezenove.

MESTRE DE CERIMÔNIAS Cinco anos antes, nossa intrépida heroína recebe voz de prisão, por conta de uma cançoneta intitulada "Aperte o botão", que irritou o mal-humorado presidente da República Deodoro da Fonseca, apelidado de Marechal de Ferro. A letra da música realmente se referia à Revolta da Armada, movimento que provocou até bombardeamento na capital federal, por conta do descontentamento da Marinha com os primeiros anos da República e de civis, como Rui Barbosa, que exigiam eleições livres para presidente. Foi a primeira versão das Diretas Já no Brasil.

Chiquinha só não se deu mal por influência de amigos... influentes.

Aparece a data 1893 projetada no palco.

Chiquinha está com seu filho João Gualberto, tomando café da manhã. A campainha toca, João Gualberto abre, entra um oficial de justiça acompanhado de dois guardas.

Chiquinha recebe ordem de prisão. João Gualberto pega o chapéu e sai correndo.

Chiquinha quer saber a razão, o oficial de justiça esclarece. Ela oferece café para os três, que aceitam.

O filho volta com três amigos de Chiquinha, um deles é um advogado; tem início uma discussão acalorada, que vira uma cena de pastelão, porque um joga uma xícara de café no outro, que pega um bolo e joga de volta e acaba acertando outro etc.; em pouquíssimo tempo, estão todos jogando comidas e bebidas uns nos outros.

MESTRE DE CERIMÔNIAS Chiquinha e Lopes Trovão, seu amigo e companheiro de luta, fizeram campanha pelo fim da monarquia.

Aparece a data 1889 projetada no palco.

Chiquinha faz discurso em uma praça pública, junto aos amigos republicanos que seguram faixas com palavras de ordem. Alguns transeuntes escutam.

Uma turma de monarquistas chega, com cartazes, vaiando e ameaçando rasgar as faixas dos republicanos. Chiquinha se coloca entre as duas turmas e continua seu discurso, dirigido aos monarquistas. Um deles grita, discordando, e uma grande discussão começa, com todos falando ao mesmo tempo. A discussão se transforma em tumulto.

MESTRE DE CERIMÔNIAS Alguns meses antes de a princesa Isabel assinar a Lei Áurea, Chiquinha usou o dinheiro que ganhou com a venda de sua canção "Caramuru" para comprar a liberdade de seu amigo, o músico José Flauta.

Aparece a data 1888 projetada no palco.

Chiquinha chega a uma casa bem humilde. José Flauta estuda, tocando flauta. Mulher e filhas executam tarefas domésticas, os filhos ajudam.

Chiquinha entrega o documento de alforria para José Flauta, que beija as mãos dela. A mulher e os filhos choram e a abraçam, todos pulam e comemoram.

MESTRE DE CERIMÔNIAS Chiquinha, uma guerreira incansável, organizou um concerto com cem violões, na luta para que acabasse o preconceito contra um instrumento considerado popular e, por isso, vulgar e indigno de lares de famílias de bem.

Aparece a data 1887 projetada no palco.

MESTRE DE CERIMÔNIAS Fez parte do repertório a canção "Querida de todos", do pai dos chorões, Joaquim Callado, que dedicou à querida amiga sua primeira partitura publicada.

A cortina do palco menor se fecha.

Entra uma fila de cem dançarinos, cada um com um violão, tocando a música "Querida de todos". Chiquinha se coloca na frente da fila que serpenteia pelo palco enquanto rege.

Conforme a música acaba, a fila de tocadores de violão sai de cena.

Aparece a data 1885 projetada no palco.

MESTRE DE CERIMÔNIAS Por fim, aos trinta e seis anos, Chiquinha se tornou oficialmente maestrina e compositora de teatro, com a estreia no teatro Príncipe Imperial da opereta "A corte na roça", escrita por Palhares Ribeiro.

A parte da frente do palco menor se abre e surge uma pequena orquestra, com Chiquinha como maestrina, com a batuta na mão. Os músicos tocam ao vivo, acompanhando a orquestra principal do espetáculo.

Atores e atrizes cantam e dançam. É uma cena da opereta "A corte na roça". Chiquinha rege, explodindo de orgulho e satisfação.

ATRIZES E ATORES *Esse teu leque formoso*
de luz e perfume cheio
é o beija-flor cauteloso
a esvoaçar em teu seio!
Este calor que tu sentes
que te escalda o coração
são os sintomas ardentes
de uma impetuosa paixão.

Ah! Ah! São os sintomas ardentes
Ah! Ah! De uma impetuosa paixão.

Este sorriso que enflora
que apurpura os lábios teus
é uma réstia da aurora
de outro azul e de outros céus!
Há no teu colo tremente
o mesmo encanto da flor.
Guarda este leque esplendente,
meu primeiro e santo amor!

Meu coração não se acalma,
não cessa de te adorar.
Deixa abrasar a minh'alma
nas chamas de teu olhar!
Não temas, não há perigo!
Por que te assustas, meu anjo?
Leva minh'alma contigo,
solta as tuas asas, arcanjo!

O elenco agradece o forte aplauso. Chiquinha e sua orquestra também agradecem.

Durante o aplauso, a cortina do palco menor se fecha e ele é levado para trás e para fora do palco.

MESTRE DE CERIMÔNIAS Os artigos e as críticas esbanjaram elogios e entusiasmo!

Passa pelo palco um tablado sobre o qual há várias mesas onde vários jornalistas escrevem.

JORNALISTA 1 Uma peça posta em música por uma mulher!

JORNALISTA 2 Chiquinha é uma genuína Offenbach de saias! Para quem não sabe, Offenbach é o inventor das operetas, gênero em que há hoje no Brasil uma mestra!

JORNALISTA 3 "A corte na roça" é um verdadeiro primor de graça, elegância e frescor. Uma composição assim faria a reputação de um compositor em qualquer país que se apresentasse.

MESTRE DE CERIMÔNIAS E foi o que aconteceu!

O tablado sai de cena.
Aparece a data 1883 projetada no palco.

MESTRE DE CERIMÔNIAS Dois anos antes, o famoso autor de burletas, operetas, revistas, comédias de costume etc. Artur Azevedo convidou Chiquinha Gonzaga para musicar um texto seu chamado "Viagem ao Parnaso". A compositora inédita disse sim antes mesmo de ouvir o convite. Artur gostou, aprovou as composições e levou para o produtor que colocaria a peça num teatro.

Chiquinha Gonzaga chega ao escritório de Artur Azevedo, o grande dramaturgo brasileiro do século 19, para saber notícias da reunião que ele teve com um produtor.

MESTRE DE CERIMÔNIAS No mesmo dia, Chiquinha foi ao escritório de Artur.

CHIQUINHA E então, meu querido, como foi a conversa com o produtor?

ARTUR AZEVEDO Foi...

CHIQUINHA Me conte desde o princípio.

ARTUR AZEVEDO Está bem. Eu mal cheguei e ele exclamou:

Acontece um flashback*: Artur se vira para o outro lado e conversa com o produtor. Chiquinha não sai de cena e assiste como se estivesse ouvindo a narrativa de Artur.*

PRODUTOR "Viagem ao Parnaso" é um bom nome para uma peça musical.

ARTUR AZEVEDO Que bom que você...

PRODUTOR Mas me arrume um nome ótimo. Ou, de preferência, um excelente!

ARTUR AZEVEDO (*surpreso*) Ah!

Artur se vira para Chiquinha, e a ação volta para o que aconteceu depois da reunião. O produtor não sai de cena, mas fica neutro.

CHIQUINHA (*desapontada*) Ah, eu gosto tanto desse nome.

ARTUR AZEVEDO Eu também.

CHIQUINHA E aí?

ARTUR AZEVEDO Ele quis saber se as músicas já estavam prontas.

Artur se vira para o outro lado, e há mais um flashback.

ARTUR AZEVEDO Já. São algumas das melhores canções que ouvi. É sucesso na certa!

PRODUTOR Cante para mim.

ARTUR AZEVEDO (*sorrindo amarelo*) Eu?

PRODUTOR Não, você não. Eu estou falando para aquela parede cantar para mim.

ARTUR AZEVEDO Ah, é uma brincadeira.

PRODUTOR É, é.

ARTUR AZEVEDO Que alívio.

PRODUTOR Que bom que você está aliviado. Mas eu ainda quero que você cante duas ou sete canções para mim.

Artur se vira para Chiquinha.

CHIQUINHA Eu sabia que devia ter ido junto!

ARTUR AZEVEDO Pois é...

CHIQUINHA Eu não entendi por que você achou melhor eu não ir.

ARTUR AZEVEDO Não?

CHIQUINHA E o que ele achou das canções?

Artur se vira para o produtor.

PRODUTOR Esplêndidas!

ARTUR AZEVEDO Que bom.

PRODUTOR Encantadoras!

ARTUR AZEVEDO Que ótimo!

PRODUTOR Extraordinárias!

ARTUR AZEVEDO Que maravilha!

Artur se vira para Chiquinha.

CHIQUINHA E aí? Você já assinou o contrato?

ARTUR AZEVEDO Já.

CHIQUINHA (*abraçando-o*) Artur, meu querido! Finalmente vou estrear como compositora teatral! E graças a você!

ARTUR AZEVEDO É...

CHIQUINHA E quando que eu vou lá assinar o meu contrato? Agora mesmo?

ARTUR AZEVEDO Não.

CHIQUINHA Mais tarde?

ARTUR AZEVEDO Não.

CHIQUINHA Amanhã de manhã?

ARTUR AZEVEDO Não.

CHIQUINHA Quando, então?

Artur se vira para o produtor.

PRODUTOR Nunca!

ARTUR AZEVEDO Mas olha só...

PRODUTOR Jamais!

ARTUR AZEVEDO Mas veja bem...

PRODUTOR Nem pensar!

ARTUR AZEVEDO Mas por quê?

PRODUTOR Uma mulher assinando a música de um espetáculo? Quando e onde já se viu isso?

ARTUR AZEVEDO Nunca e em lugar nenhum.

PRODUTOR (*fingindo surpresa*) É mesmo? (*sério*) É claro que não!

ARTUR AZEVEDO Por isso mesmo!

PRODUTOR Por isso mesmo o quê?

Artur se vira para Chiquinha.

CHIQUINHA A surpresa! A novidade! O frisson! Isso pode render muito em publicidade!

ARTUR AZEVEDO Foi exatamente o que eu disse para ele.

CHIQUINHA E o que o cabeça dura respondeu?

Artur alterna olhares para Chiquinha e para o produtor. Parece que eles estão falando entre si, mas estão falando com Artur.

PRODUTOR E o escândalo? A desonra? A vergonha? O fracasso? E, pior de tudo, o prejuízo?

CHIQUINHA Mas que cérebro mofado tem esse senhor!

PRODUTOR Mas que ousadia tem essa senhora!

CHIQUINHA Em que ano ele pensa que estamos? 1783?

PRODUTOR Em que ano ela pensa que estamos? 1983?

CHIQUINHA E PRODUTOR É absurdo e inacreditável!

CHIQUINHA Eu sabia, era bom demais pra ser verdade. Mas eu não vou desistir, Artur! Nunca!

PRODUTOR Nunca, Artur! Não existe a menor possibilidade de... Ei, espere aí. Tive uma ideia.

CHIQUINHA (*sarcástica*) Ele teve uma ideia? Isso é que é inacreditável!

PRODUTOR Está tudo resolvido!

CHIQUINHA (*aliviada*) Não me diga! Ele é inteligente, criativo e audacioso, é?

PRODUTOR Me diga se eu não sou inteligente, criativo e audacioso!

ARTUR (*para os dois*) Claro que sim...

CHIQUINHA Mas qual foi a ideia, afinal?

PRODUTOR Nós usamos as canções.

CHIQUINHA Viva!

PRODUTOR E sua amiga assina com um pseudônimo.

CHIQUINHA Um pseudônimo?

PRODUTOR É, um pseudônimo. Qualquer nome de homem.

CHIQUINHA Um nome de homem? Nunca! Jamais! Nem pensar!

ARTUR (*para ela*) Foi o que eu disse pra ele.

PRODUTOR Como assim? Você acha que ela não vai aceitar?

CHIQUINHA Não mesmo!

PRODUTOR Mas por quê, ora essa?

CHIQUINHA Porque eu tenho caráter, dignidade e honestidade.

PRODUTOR (*irônico*) É mesmo?

CHIQUINHA Porque me chamo Francisca. E não Francisco.

PRODUTOR (*irônico*) É mesmo?

CHIQUINHA Porque não tenho pênis.

PRODUTOR (*aturdido*) Como é?

CHIQUINHA E o mais importante: as mulheres devem ter o direito de ter direitos!

PRODUTOR (*furioso*) É mesmo?

Produtor sai de cena, batendo os pés.

ARTUR Não foi desta vez.

CHIQUINHA Obrigada mesmo assim, Artur querido.

ARTUR Teremos outras oportunidades.

CHIQUINHA E um dia meu nome estará na marquise de um teatro...

ARTUR (*fazendo um gesto com o braço*) Música de...

CHIQUINHA (*fazendo um gesto com o braço*) Francisca Gonzaga!

Aparece a data 1877 projetada no palco.

MESTRE DE CERIMÔNIAS Sete anos antes, nossa heroína venceu uma batalha e conquistou seu lugar na lista de compositores brasileiros bem-sucedidos. E seu primeiro êxito foi de improviso, na mesa de um café do centro do Rio, que em 1877 ainda não podia ser chamado de maravilhoso...

O palco gira, revelando o cenário da fachada e da varanda externa de um café elegante no centro do Rio.

Numa das mesas, Chiquinha está com vários amigos, entre eles Joaquim Callado.

Dois ou três atores, como garçons, passam levando copos, xícaras, pratos, garrafas, bules.

AMIGA Chiquinha, minha querida, como é que você está se mantendo?

CHIQUINHA Compondo, tocando, dando aulas.

COMPOSITOR Será que algum dia poderemos viver de nossas composições?

JOAQUIM CALLADO Decerto! E esse dia está mais perto do que você imagina.

OUTRO COMPOSITOR Deus o ouça.

COMPOSITOR Se o Todo-Poderoso ouvir minhas preces e minha última canção, estou feito!

Risos.

CHIQUINHA E eu? Será que algum dia farei sucesso?

MÚSICO Nunca se sabe quando essas coisas podem acontecer.

CHIQUINHA O jeito é continuar tentando. Compor todo dia, sempre que sobrar um tempinho.

OUTRO COMPOSITOR Parece até que pra você é fácil.

CHIQUINHA Como assim?

JOAQUIM CALLADO É que eu contei para ele que um passarinho me contou que você senta ao piano e a música aparece, como sai pano de um tear.

OUTRO COMPOSITOR E eu duvidei.

CHIQUINHA Não duvide.

OUTRO COMPOSITOR A inspiração surge assim, feito o Espírito Santo?

CHIQUINHA Sabe qual é minha inspiração?

OUTRO COMPOSITOR Não. Diga.

CHIQUINHA A pilha de contas que tenho que pagar todo mês.

Risos e gargalhadas.

AMIGA (*brincando, irônica*) Não diga!

MÚSICO (*brincando, pedindo para ela não dizer*) Não diga.

AMIGA (*brincando, imitando o outro compositor*) Não. Diga!

Risos e gargalhadas.

CHIQUINHA Eu tenho filhos para criar, caro amigo. E, para nós mulheres, é mais difícil, porque sempre querem nos pagar menos, pelo fato de não termos aquilo e aquilo outro entre as pernas!

Gargalhadas.

OUTRO COMPOSITOR Pois continuo duvidando.

CHIQUINHA É um desafio?

OUTRO COMPOSITOR É.

CHIQUINHA Vale uma aposta?

Pausa.

OUTRO COMPOSITOR Não!

Risos.

JOAQUIM CALLADO Você não sabe do que nossa querida amiga é capaz.

AMIGA Mostre, Chiquinha!

CHIQUINHA Já que vocês insistem...

Risos.

CHIQUINHA Eu vou fazer uma música para aquela moça ali...

Chiquinha pega um violão, toca alguns acordes e canta a primeira frase da canção "Atraente".

CHIQUINHA *Rebola bola e atraente vai*
esmigalhando os corações com o pé.

JOAQUIM CALLADO Começou bem!

AMIGA Continue!

CHIQUINHA *E no seu passo apressadinho, tão miúdo, atrevidinho,*
vai sujando o meu caminho, desfolhando o mau me quer.

COMPOSITOR Que inveja, meu Deus! Mas no bom sentido, tá?

Risos.
Chiquinha continua.

CHIQUINHA *Se bem que quer, seja se quer ou não;*
bem reticente, ela só faz calar,
ela é tão falsa e renitente que até
atrai só o seu pensar.

Aplausos de todos, inclusive do desafiante. Pausa.

CHIQUINHA *Como é danada*
perigosa
vaidosa
desastrosa
escandalosa
rancorosa
e rancorosa
incestuosa
e tão nervosa
e bota tudo em polvorosa, quando chega belicosa,
bota tudo pra perder!

Mais aplausos.

A orquestra da peça passa a acompanhá-la, e vários atores entram, dançando e cantando. Uma das atrizes faz o papel da "atraente", os outros dançam em volta dela. Os que fazem papel de garçom juntam-se a eles.

CHIQUINHA E CORO *Amour, amour*
Tu jure amour, trè bien,
mas joga fora esta conversa vã,
não vem jogar fa-flu no meu maracanã,
não sou Juju balangandã.

Meu coração, porém, diz que não vai
suportar esta maldita, inenarrável solidão.
Se assim for, ele vai se esbudegar
e te ver se despinguelar numa desilusão!

Todos a aplaudem de pé.

O palco gira, saindo de cena o cenário de café.

Aparece a data 1876 projetada no palco.

MESTRE DE CERIMÔNIAS Continuando nossa viagem ao passado, vamos em frente tocando no delicado assunto de suas duas desilusões amorosas que causaram as dolorosas separações.

Populares comentam enquanto atravessam a rua.

Chiquinha está em cena, parada, de cabeça baixa. Junto dela há uma mala.

BALCONISTA RUIVA E INVEJOSA Você se lembra da d. Chiquinha, que tão logo largou marido e filhos se amigou com senhor João Batista de Carvalho?

FLORISTA LOIRA E MANHOSA Claro que lembro. Aí nasceu-lhe outra filha.

MUCAMA LINDA E TINHOSA O quarto rebento, do segundo marido.

FLORISTA LOIRA E MANHOSA Que foi batizada Alice Maria.

MUCAMA LINDA E TINHOSA E deu no que deu.

ALFERES BARBUDO Bem que tinham me falado que esse João Batista vivia perdendo a cabeça!

Risos.

VIGÁRIO OBESO E FELIZ E por causa de rabo de saia, como o bíblico.

ESCREVENTE VESGO É um bon-vivant!

TIPÓGRAFO SURDO É isso mesmo! Ele começa logo de manhã!

Risos.

CORONEL MINEIRO Esse, sim, sabe viver.

SINHAZINHA HISTÉRICA O que você quer dizer com isso?

CORONEL MINEIRO Que minha vida a seu lado é menos que sofrível!

SINHAZINHA HISTÉRICA Que o diabo o carregue!

CORONEL MINEIRO Amém!

ALFERES BARBUDO Aí mudou-se o casal para Minas Gerais, de filha, mala e cuia.

MOLEQUE ATREVIDO Mas por quê?

ALFERES BARBUDO Pra fugir da hostilidade.

VASSOUREIRO ITALIANO Pra conseguir trabalho?

APRENDIZ DE ALFAIATE Exatamente. Eles já tinham ido para a serra da Mantiqueira e voltado pro Rio, mas foram recebidos de braços fechados.

MOLEQUE ATREVIDO Então foi em Minas que aconteceu, foi?

PEDINTE CEGO E FEDIDO Se foi!

ÍNDIO BÊBADO Foi o quê, hein? Posso saber?

BALCONISTA RUIVA E INVEJOSA A senhora d. Chica surpreendeu o sr. João Batista com outra mulher.

MOLEQUE ATREVIDO Não diga, Iaiá! E ela?

SINHAZINHA HISTÉRICA Cale-se, seu moleque atrevido!

APRENDIZ DE ALFAIATE Chiquinha mudou-se de lá, de mala e cuia.

VIGÁRIO OBESO E FELIZ Hum.

VASSOUREIRO ITALIANO Sem a neném.

TIPÓGRAFO SURDO É, ficou sem ninguém.

BALCONISTA RUIVA E INVEJOSA Bem-feito!

ESCREVENTE VESGO Mais uma vez a pobre mulher foi obrigada a deixar uma criança pra trás!

João Batista entra, com a neném no colo. Chiquinha levanta a cabeça e canta "Dois corações".

CHIQUINHA *Quem tiver dois corações*
tire um para me dar,
dei o meu àquele ingrato
que não soube me amar.

Conheci duas meninas,
todas as duas eu quero muito bem;
uma mais do que a outra
e a outra mais do que ninguém.

Tive dois amores na vida,
um eu dei meu coração,
dei a outro o meu amor,
só fiquei na ilusão.

Chiquinha estende os braços, querendo pegar a neném, mas ele dá um passo para trás. Ela ajoelha, suplica. Ele se vira de costas. Chiquinha pega um lenço e a mala e vai saindo de cena, acenando, enxugando os olhos e cantando "Ingratidão", de Chiquinha e Joaquina Gonzaga.

CHIQUINHA *Eu não esqueço tua ingratidão*
e vou te abandonar
e nunca mais quero te ver.

Não quero te perdoar,
vou machucar seu coração,
você vai ver como é bom cantar,
como é bom viver de recordação.

Os populares continuam assistindo à cena e comentando.

SINHAZINHA HISTÉRICA Aqui paga quem aqui fez!

ESCRITURÁRIO VESGO E seis anos antes, como foi?

MUCAMA LINDA E TINHOSA D. Chiquinha conseguiu levar o maior, João Gualberto, mas teve que deixar os menorzinhos, Maria do Patrocínio e Hilário.

VIGÁRIO OBESO E FELIZ Mais separações por causa da separação.

PEDINTE CEGO E FEDIDO Que castigo!

MUCAMA LINDA E TINHOSA E a família lhe virou as costas.

VIGÁRIO OBESO E FELIZ Que pecado!

MUCAMA LINDA E TINHOSA O pai nunca se conformou e passou anos enfurecido.

CORONEL MINEIRO Para eles, Chiquinha tinha morrido!

ÍNDIO BÊBADO Do quê, hein?

SINHAZINHA HISTÉRICA Cale-se, seu índio bêbado.

ÍNDIO BÊBADO Eu bebo porque tenho sede e porque me roubaram o espírito.

SINHAZINHA HISTÉRICA Podiam ter roubado a língua também!

VIGÁRIO OBESO E FELIZ Deixem que contem por que cargas d'água houve a separação.

BALCONISTA RUIVA E INVEJOSA Foi tudo por conta do piano, lembra?

Aparece a data 1870 projetada no palco.

Entra em cena Jacinto Ribeiro do Amaral, o primeiro marido, que fica junto a Chiquinha.

FLORISTA LOIRA E MANHOSA Claro que lembro. Jacinto levou Chiquinha para viver com ele no navio, para separá-la do piano.

TIPÓGRAFO SURDO Mais de um ano?

SINHAZINHA HISTÉRICA Cale-se, seu burro!

PEDINTE CEGO E FEDIDO Ele é surdo.

SINHAZINHA HISTÉRICA Ninguém lhe perguntou nada, farrapo humano.

TIPÓGRAFO SURDO Ah, menos de um ano!

MOLEQUE ATREVIDO Esperem aí! De que navio vocês estão falando?

ÍNDIO BÊBADO É, que navio era esse?

CORONEL MINEIRO O marido comprou parte de um navio chamado *São Paulo*.

ESCREVENTE VESGO Ele ganhou muito dinheiro transportando armas e soldados para a Guerra do Paraguai.

MUCAMA LINDA E TINHOSA A grande maioria escravos alforriados, coitados.

APRENDIZ DE ALFAIATE Deixaram a senzala para servir de bucha de canhão e morrer por uma pátria que eles nem sabiam direito qual era.

PEDINTE CEGO E FEDIDO E da qual não faziam parte.

VIGÁRIO OBESO E FELIZ Está bem, está bem, mas voltemos à história!

APRENDIZ DE ALFAIATE Para que ela parasse de compor e tocar polcas e valsas, ele passou a levá-la nas viagens.

FLORISTA LOIRA E MANHOSA Deixando o piano em casa, é claro.

SINHAZINHA HISTÉRICA No entanto, ela conseguiu pôr as mãos num violão e voltou a namorar a música.

ESCRITURÁRIO VESGO Deixando o marido ciumento e enraivecido!

MUCAMA LINDA E TINHOSA Até que chegou o dia em que ele deu um ultimato.

Acontece a cena entre eles. Os populares continuam em volta, assistindo, como se visualizassem o ocorrido.

JACINTO Escolha: a música ou eu.

CHIQUINHA Se é preciso, escolho. Pois, sr. meu marido, eu não entendo a vida sem harmonia.

Pausa.

JACINTO Isso foi um sim ou um não?

CHIQUINHA Muito pelo contrário.

Pausa.

JACINTO Você vai ficar, então?

CHIQUINHA Vou ficar...

JACINTO Muito bem.

CHIQUINHA ...com a música.

Chiquinha canta estrofes da canção "Coração mole" enquanto Jacinto vai esbravejando.

CHIQUINHA *Eu tenho o coração em festa,*
eu tenho um fole velho gemedor.

JACINTO Você será condenada à separação perpétua!

CHIQUINHA *Eu tenho uma saudade no meu peito,*
toco, canto, não tem jeito,
não esqueço o grande amor.

JACINTO Por abandono de lar!

CHIQUINHA *Chora, coração; vai, coração mole,*
esquece a traição na puxada do meu fole.

JACINTO E adultério culpável!

CHIQUINHA *Vai no botequim, chega e toma um gole, voa na saudade, dá um jeito e escapole.*

Jacinto sai por um lado, Chiquinha sai pelo outro. Os curiosos se dispersam.

MESTRE DE CERIMÔNIAS A jovem de dezoito anos, já esposa e mãe, chora a falta de seu piano, sua casa e sua família, juntando-se ao pranto de alguns voluntários da pátria, que navegam em direção à carnificina no Paraguai, o maior conflito bélico da história da América do Sul, no qual Brasil, Argentina e Uruguai se aliaram contra seu vizinho Paraguai, derramando sangue para todo lado.

Aparece a data 1865 projetada no palco.

O navio atravessa o palco lentamente. No céu, brilham estrelas e uma enorme lua, que se reflete na água do rio.

Chiquinha e soldados negros que a rodeiam cantam melancólicos.

CHIQUINHA *Ó, lua branca de fulgores e de encanto,*
se é verdade que ao amor tu dás abrigo,
vem tirar dos olhos meus o pranto.
Ai, vem matar essa paixão que anda comigo.

Ai, por quem és, desce do céu, ó, lua branca;
essa amargura do meu peito, ó, vem, arranca;
dá-me o luar de tua compaixão;
ó, vem, por Deus, iluminar meu coração.

CHIQUINHA E CORO *E quantas vezes lá no céu me aparecias*
a brilhar em noite calma e constelada
e em tua luz, então, me surpreendias
ajoelhado junto aos pés da minha amada.

E ela a chorar, a soluçar, cheia de pejo,
vinha em seus lábios me ofertar um doce beijo;
ela partiu, me abandonou assim,
ó, lua branca, por quem és, tem dó de mim.

O barco sai de cena. O palco gira, revelando a sala da casa dos pais de Chiquinha, enfeitada para o Natal. Em destaque no cenário, um piano. Sentada na frente dele está Chiquinha, com onze anos, com roupa "de festa".

Formando um quadro vivo, com clima de presépio, estão em volta dela os pais, os irmãos e o tio.

Aparece a data 1858 projetada no palco.

MESTRE DE CERIMÔNIAS Chegamos ao fim desta jornada, que tem seu clímax no início da carreira de uma das artistas mais importantes do Brasil. Foi aos onze anos que Francisca Edwiges Neves Gonzaga começou a se tornar Chiquinha Gonzaga!

A cena se descongela, e Chiquinha toca a música "Canção dos pastores".

MESTRE DE CERIMÔNIAS A "Canção dos pastores", com letra de seu irmão Juca, foi a primeira de mais de duas mil composições.

A cena volta a se congelar. O palco gira, mostrando um cenário típico das revistas musicais da primeira metade do século 20 no Brasil, com escadaria, telão pintado, tablados, lustres etc.

Em cena estão atores, coristas, vedetes, dançarinos e acrobatas. Os figurinos são em estilo, estética e padrão de beleza que predominaram de 1847 a 1935, misturando personagens da chegada de Cabral ao Brasil com personagens das diversas peças musicadas por Chiquinha que fizeram parte do espetáculo, além dos outros personagens de sua vida.

MESTRE DE CERIMÔNIAS A história acabou, mas a história do Brasil não acaba. Para um *grand finale*, este espetáculo se fecha com chave de ouro na contagiante animação da canção "Tava assim de português"!

Chiquinha surge no alto da escadaria e, enquanto desce, dança e canta, com todo o elenco, a música que faz referência irônica ao descobrimento do Brasil.

"Tava assim de português" é cantada e dançada com a empolgação do Carnaval carioca, com direito a confete, serpentina, irreverência e alegria.

TODOS *O meu Brasil*
era um paraíso aberto,
'té que um dia um estrangeiro
veio olhá ele de perto!

E Cabrá, que era Almirante
trouxe cem de uma só vez.

É por isso que nós grita,
nós apita,
contra esses português
que aqui chega e arrebata
as mulata
pra sortá no fim do mês!

Cai o pano.

LIMA BARRETO,
O MORTAL IMORTAL[4]

ANTES DE MAIS NADA

Lima Barreto nasceu:

SETENTA E TRÊS ANOS DEPOIS da chegada da família real ao Brasil.

SESSENTA ANOS DEPOIS da já citada família voltar para Portugal.

CINQUENTA E NOVE ANOS depois de d. Pedro I proclamar a independência do Brasil em relação à coroa de Portugal.

CINQUENTA ANOS DEPOIS de d. Pedro I abdicar em favor de seu filho e voltar para Portugal, onde assumiu a coroa como d. Pedro IV.

QUARENTA ANOS DEPOIS da coroação de d. Pedro II, o segundo e último imperador do Brasil, quando Pedro de Alcântara tinha quinze anos.

TRINTA E UM ANOS DEPOIS de aprovada a Lei Eusébio de Queiroz, que acabou com o tráfico de escravos no Brasil.

EXATAMENTE SETE ANOS ANTES de a filha de d. Pedro II, a princesa Isabel, assinar a Lei Áurea, que aboliu a escravidão no Brasil.

OITO ANOS ANTES da Proclamação da República.

DOZE ANOS ANTES da campanha de erradicação da febre amarela, comandada

4. As falas de Lima Barreto que aparecem neste capítulo foram escritas pelo autor deste livro, com base no *Diário íntimo* do escritor. Lima Barreto. *Diário íntimo*. São Paulo: Globus, 2011.

por Oswaldo Cruz, e da reação popular negativa a ela, que ficou conhecida como Revolta da Vacina.

TREZE ANOS ANTES das primeiras eleições de voto direto para a presidência do Brasil, vencida por Prudente de Morais.

TRINTA E TRÊS ANOS ANTES da Primeira Guerra Mundial, que durou de 1914 a 1918. Nessa guerra foram usados pela primeira vez equipamentos modernos, como tanques e aviões, que causaram a morte de milhões de pessoas, soldados e civis, em bem pouco tempo.

QUARENTA E UM ANOS ANTES da Semana de Arte Moderna, que aconteceu em fevereiro de 1922, onze meses antes da morte de Lima Barreto, que foi modernista bem antes de todos os modernistas.

CHEGADA AO PORTAL

"Quando naquele dia são Pedro despertou, despertou risonho e de bom humor. E, terminados os cuidados higiênicos da manhã, ele se foi à competente repartição celestial buscar ordens do Supremo e saber que almas chegariam na próxima leva.

Em uma mesa longa, larga e baixa, um grande livro aberto se estendia e debruçado sobre ele, todo entregue ao serviço, um guarda-livros punha em dia a escrituração das almas, de acordo com as mortes que anjos mensageiros e noticiosos traziam de toda a extensão da Terra. Da pena do empregado celeste escorriam grossas letras, e de quando em quando ele mudava a caneta para melhor talhar um outro caractere caligráfico.

(...)

Ao entrar são Pedro, o escriturário do Eterno voltou-se, saudou-o e, à reclamação da lista d'almas pelo santo, ele respondeu com algum enfado (enfado do ofício) que viesse à tarde buscá-la.

Aí pela tardinha, ao findar a escrita, o funcionário celeste (um velho jesuíta encanecido no tráfico de açúcar da América do Sul) tirava uma lista explicativa e entregava a são Pedro, a fim de que este se preparasse convenientemente para receber os ex-vivos no dia seguinte.

(...) Leu são Pedro a relação: havia muitas almas, muitas mesmo, delas todas, à vista das explicações apensas, uma lhe assanhou o espanto e a estranheza."[5]

Lima Barreto chegou ao portal do céu em 1º de novembro de 1922 e foi recepcionado pelo já citado arcanjo.

ARCANJO Como vai? Você é Afonso Henriques de Lima Barreto, correto?

LIMA BARRETO Sim, senhor.

ARCANJO Não, eu não sou o Senhor! Ele está nos vendo, assim como vê todos que estão entre o céu e a terra. E quem sou? Pode me chamar de Arcanjo, Arca, Anjo, Ângelo ou de qualquer outra coisa.

LIMA Está bem.

ARCANJO Vamos abrir o livro de sua vida? Hum... Ele é fino demais para meu gosto. Você está chegando aqui muito moço.

LIMA Era para eu ter chegado antes. Mas a coragem me faltou.

ARCANJO Estou sabendo, mas vamos falar disso depois. Você nasceu no dia 13 de maio de 1881, filho legítimo de João Henriques de Lima Barreto e Amália Augusta Barreto, na cidade do Rio de Janeiro, mais especificamente no bairro de Laranjeiras, correto?

LIMA Correto. Desgraçado nascimento tive eu! Cheio de aptidões, de boas qualidades, de grandes e poderosos defeitos, morri sem nada ter feito.

ARCANJO Não é o que estou vendo aqui.

LIMA Seria uma grande vida, se tivesse feito grandes obras; mas nem isso fiz.

ARCANJO Em uma vida não tão longa, você produziu muitos contos, crônicas e romances, a maioria de grande qualidade. O valor da sua obra não foi reconhecido. Ainda!

---

5. Trecho retirado do conto "O pecado". In: Lima Barreto. *Contos completos de Lima Barreto*. São Paulo: Companhia das Letras, 2011.

ÓRFÃO DE MÃE

ARCANJO Você não teve um começo de vida tão difícil; certamente poderia ser pior. Seu pai era tipógrafo, e sua mãe, professora.

LIMA Ambos mulatos.

ARCANJO E ser mestiço diminui chances, possibilidades, oportunidades lá embaixo?

LIMA Aos vinte e dois anos, eu pretendia escrever a *História da escravidão negra no Brasil*, e sua influência na nossa nacionalidade.

ARCANJO Grande plano. Ah, estou vendo aqui que sua mãezinha veio para cá quando você tinha sete anos. Correto?

LIMA Correto. É por isso que tenho, quer dizer, tinha a mania do suicídio. Logo depois da morte da minha mãe, quando eu fui acusado injustamente de furto, tive vontade de me matar.

ARCANJO Que bom que deixou a vontade passar.

LIMA Outra vez que essa vontade me veio foi aos onze ou doze, quando fugi do colégio. Armei um laço numa árvore lá do sítio da ilha, mas não me sobrou coragem para me atirar no vazio com ele no pescoço.

ARCANJO Você pode não acreditar, mas o mundo ia ficar mais pobre de grandes obras de arte se isso tivesse acontecido.

LIMA Só você e eu sabemos disso.

ARCANJO Por enquanto. Em não muito tempo, muita gente saberá, no Brasil e mundo afora.

O DIA DECISIVO PARA LIMA BARRETO (E TODO O POVO BRASILEIRO)

ARCANJO A assinatura da Lei Áurea aconteceu no dia de seu aniversário de sete anos!

LIMA Sim, nasci sob o signo de maio. Antes meu pai chegou em casa e disse-me: a lei da abolição vai passar no dia de teus anos. E de fato passou. Quando depois fui para o colégio, um colégio público, à rua do Resende, a alegria entre a criançada era grande. Nós não sabíamos o alcance da lei, mas a alegria ambiente nos tinha tomado.

ARCANJO Que privilégio ter vivido esse momento histórico.

LIMA A professora, que viu tudo de perto, nos disse que havia uma imensa multidão ansiosa, com o olhar preso às janelas do velho edifício do antigo paço. Afinal a lei foi assinada e, num segundo, todos aqueles milhares de pessoas o souberam. A princesa veio à janela. Foi uma ovação: palmas, acenos com lenços, vivas...

ARCANJO A princesa Isabel era chamada de Princesa das Camélias, correto?

LIMA Correto. Essa flor tinha se tornado um símbolo dos abolicionistas. Os homens usavam na lapela dos paletós e as mulheres, nos chapéus.

ARCANJO Por que escolheram a camélia? Por ser uma flor rara?

LIMA Sim. Apesar disso, existia aos montes na chácara José de Seixas Magalhães, que abrigava escravos fugidos. E também porque camélias eram cultivadas por ex-escravos no quilombo do Leblon.

ARCANJO A princesa recebeu um buquê de camélias assim que assinou a Lei Áurea!

LIMA É mesmo? Disso eu não fiquei sabendo.

ARCANJO Que bonito nome escolheram para a lei que acabou com algo tão abominável.

LIMA "Áurea" quer dizer feita de ouro.

ARCANJO Que é o metal mais resistente, correto?

LIMA Correto.

ARCANJO O dia 13 de maio de 1888 amanheceu dourado.

LIMA Sim, como se o céu tivesse se enfeitado para a festa. Fazia sol e o dia estava claro. Jamais, na minha vida, vi tanta alegria. Era geral, era total, e os dias que se seguiram, dias de folganças e girândolas, deram-me uma visão da vida inteiramente festa e harmonia.

ARCANJO Que bonito tanta gente participando de um acontecimento tão importante.

LIMA "Houve o barulho de bandas de músicas, de bombas e girândolas. Construíram-se estrados para bailes populares, houve desfiles de batalhões escolares."

ARCANJO A vida dos negros e mestiços melhorou com a abolição, correto?

LIMA Para quem era escravo, claro. Mas a Lei Áurea não aboliu o preconceito e a discriminação.

ARCANJO É mesmo? Que pena.

LIMA Como ainda estávamos longe de ser livres! Como ainda nos enleávamos nas teias dos preceitos, das regras e das leis!

O PAI E O PADRINHO

ARCANJO Seu pai foi demitido da Imprensa Oficial e conseguiu ser nomeado escriturário das Colônias de Alienados da Ilha do Governador.

LIMA Nossa casa passou a ser lá, no asilo de loucos. E que ironia, pelo que ia acontecer.

ARCANJO Seu pai ficou mentalmente doente, correto?

LIMA Errado, porque não deveria ter acontecido. Foi em 1903, e eu tive que dizer adeus ao meu sonho de ser engenheiro.

ARCANJO Mas você chegou a se matricular e cursar alguns meses a Escola Politécnica do Rio de Janeiro, correto?

LIMA Sim, sim.

ARCANJO E você chegou até lá, passando por um internato e pelo Colégio Imperial, graças a um padrinho, o senhor Affonso Celso de Assis Figueiredo, visconde de Ouro Preto. Correto?

LIMA Exatamente. Mas quer saber? Os protetores são os piores tiranos.

ARCANJO Sem comentários.

O ARRIMO COMO HERANÇA

ARCANJO Voltando a seu pai...

LIMA Pobre insano. Às vezes, não queria comer e era preciso forçá-lo, e as perseguições que ele tinha no espírito não o deixavam sossegar. Ainda não o deixam, claro, sou eu quem está aqui.

ARCANJO Quanto a isso, não se preocupe, ele estará aqui em dois dias.

LIMA É mesmo? Sabe que eu cansei de dizer que os malucos foram os reformadores do mundo?

ARCANJO Como assim?

LIMA As grandes reformas do mundo têm sido feitas por homens, e, às vezes mesmo mulheres, tidos por doidos.

ARCANJO Você, então, teve que abandonar a escola para cuidar de seus irmãos, por conta da doença de seu pai?

LIMA Tornei-me arrimo de família. Fomos morar no subúrbio, em Todos--os-Santos.

ARCANJO E você passou num concurso público para trabalhar como amanuense na Secretaria da Guerra.

LIMA E tão feliz fiquei que passei a beber.

ARCANJO Você já tinha vivido seu momento de boêmio.

LIMA Tomar umas e outras com os amigos é uma coisa. Beber para esquecer, beber porque se está desiludido, beber a ponto de acordar caído na sarjeta e ter delírios e outros sintomas, a ponto de ser confundido com um doido, é outra coisa.

NO CEMITÉRIO DOS MORTOS

ARCANJO Então você foi internado algumas vezes em hospícios.

LIMA E fica a dúvida: bebemos porque já somos loucos ou ficamos loucos porque bebemos?

ARCANJO Quem sabe? Eu sei quem sabe, mas nunca ouvi nada a respeito. Me diga, como é que uma coisa dessas acontece?

LIMA Passei a beber cada vez mais. Não me preocupava com meu corpo. Deixava crescer o cabelo, a barba, não me banhava a miúdo. "Todo o dinheiro que apanhava bebia. Delirava de desespero e desesperança; eu não obteria nada."

ARCANJO Você transformou uma das internações em arte, correto?

LIMA Isso. O livro *O cemitério dos vivos* nada mais é que anotações da terceira internação, e ficou inacabado. Há um outro, chamado *Diário do hospício*, que é inteirinho sobre esse assunto.

ARCANJO *O cemitério dos vivos* é um nome terrível, pra lá de triste.

LIMA Tanto quanto os fatos. Entrei no hospício no dia de Natal. Passei as famosas festas entre as quatro paredes de um manicômio. A noite do dia 24 tinha passado em claro, errando pelos subúrbios, em pleno delírio.

O TRISTE FIM DE LIMA BARRETO

ARCANJO E, então, um ataque cardíaco o trouxe até aqui.

LIMA Pois é. Foi na casa modesta de Todos-os-Santos, com minha irmã Evangelina se desvelando em cuidados.

ARCANJO Mais alguma coisa a declarar?

LIMA Desesperavam-me o mau emprego dos meus dias, a minha passividade, o abandono dos grandes ideais que alimentara. Não, eu não tinha sabido arrancar da minha natureza o grande homem que desejara ser; abatera-me diante da sociedade; não soubera revelar-me com força. Com vontade e grandeza... Sentia bem a desproporção entre o meu destino e os meus primeiros desejos.

ARCANJO Bonito. Triste, mas bonito. Isso... é um personagem que diz em um de seus livros, correto?

LIMA Corretíssimo. Isaías Caminha. Mas é próprio para minha pessoa.

ARCANJO Estou sabendo. A literatura é poderosa.

LIMA E a expressão da vida refletida e consciente evoca em nós, ao mesmo tempo, a consciência mais profunda da existência, os sentimentos mais elevados, os pensamentos mais sublimes. Ela ergue o homem de sua vida

pessoal à vida universal, não só pela sua participação nas ideias e crenças gerais, mas também ainda pelos sentimentos profundamente humanos que exprime.

UM SEGREDO ASTRAL

ARCANJO Posso contar um segredo?

LIMA Por que não?

ARCANJO Você não se sentirá sozinho aqui.

LIMA É mesmo, meu caro arcanjo?

ARCANJO É mesmo, meu caro Afonso.

LIMA E quem me fará companhia? Minha mãe?

ARCANJO E seu pai, como eu já disse.

LIMA Não sei se fico feliz ou triste. Acho que feliz, porque vai terminar uma sequência enorme de dias sofridos.

ARCANJO E isso vai acontecer depois de amanhã. As últimas palavras dele serão: "Morreu Afonso?".

LIMA Não diga! Pobre homem. Em mais de um sentido.

UM MORTO IMORTAL

ARCANJO Bem, o livro de sua vida já está fechado, mas a vida de seus livros vai durar anos e anos, talvez séculos. Vai demorar, mas o valor de sua obra será descoberto e divulgado. Você será considerado um dos grandes contistas e romancistas brasileiros.

LIMA É bem difícil acreditar nisso.

ARCANJO Pois acredite. Toda a sua obra será publicada em 1956, e seus romances, novelas e livros de crônicas e contos, como *O triste fim de Policarpo Quaresma*, *Clara dos Anjos* e *Os bruzundangas* serão lidos em escolas.

LIMA *Os bruzundangas*? Vai ser uma publicação póstuma.

ARCANJO Estou sabendo. Serão feitas teses sobre você e sua obra, no Brasil e em outros países.

LIMA Tem certeza?

ARCANJO Absoluta! Sua obra vai influenciar as artes brasileiras.

LIMA É mesmo?

ARCANJO Mesmo. Grandes nomes da literatura brasileira deste século, como Mário de Andrade e Oswald de Andrade!

LIMA Dois irmãos?

ARCANJO Não. Nem primos. Amigos, até certo ponto da vida, mas isso são coisas que eu nem deveria comentar.

LIMA Acho que eu vou me divertir aqui.

ARCANJO Com certeza. O céu é realmente um paraíso. Último comentário: uma injustiça não poderá ser desfeita.

UM IMORTAL MORTAL

LIMA Academia Brasileira de Letras.

ARCANJO Exatamente. Você se candidatou três vezes — em 1918, 1919 e 1921.

LIMA Na primeira vez nem aceitaram minha inscrição.

ARCANJO Na segunda aceitaram, mas você não foi eleito.

LIMA Na terceira, me inscrevi em julho, mas retirei minha inscrição em agosto.

ARCANJO Por quê?

LIMA Porque sim.

ARCANJO Excelente razão. Eu imaginei que tinha sido por medo de mais uma vez não ser eleito.

LIMA Pode ser...

ARCANJO Eu sei, mas me calo, o coração tem razões que a própria razão desconhece.

LIMA Pois é.

ARCANJO Se isso acontecesse daqui a cinquenta anos, não seria da mesma maneira. Volto a dizer, acredite, você e sua obra são imortais e terão o respeito e a admiração que merecem.

LIMA Espero assistir a um pouco disso aqui de cima... se é que eu vou ficar por aqui.

ARCANJO Veja só, certa vez você escreveu uma história chamada *O pecado*, na qual acontece algo semelhante ao que acaba de acontecer neste portal, correto?

LIMA Sim.

ARCANJO Na história, alguém que chega aqui é mandado direto para o purgatório, por ser negro.

LIMA Isso mesmo.

ARCANJO Mas aqui, hoje, isso não vai acontecer, porque essas barbaridades são coisas terrenas. Vamos fechar o livro de sua vida e, veja, o portal do céu está se abrindo... Seja bem-vindo, fique à vontade, a casa é sua!

MONTEIRO LOBATO,
O PAI DA EMÍLIA[6]

INTRODUÇÃO

Monteiro Lobato morreu no dia 4 de julho de 1948. Vinte anos depois, foram feitas várias homenagens ao grande escritor. Várias pessoas foram entrevistadas e falaram sobre ele — parentes, amigos e conhecidos de Lobato. Entre todos os depoimentos saudosos, um dos mais interessantes foi o de d. Lúcia, uma amiga de infância, que reproduziremos aqui. Em julho de 1968, d. Lúcia estava com oitenta e seis anos. Apesar do corpo "gastinho", como ela mesma disse, sua mente estava lúcida. Sua explicação para isso foi: "É que nunca deixei de ser uma menina, sabe?".

A entrevista foi como um longo bate-papo na varanda da casa principal do sítio onde d. Lúcia morou desde criança. A conversa teve apenas duas interrupções: uma ao meio-dia, para o almoço, e outra às sete da noite, para o jantar.

Antes e depois das duas refeições, e no intervalo entre elas, foram servidos vários lanches com café, leite, chá e sucos de frutas do pomar do sítio, além dos mais diversos tipos de salgadinhos, sanduíches e doces.

Em geral, as entrevistas começam com uma pergunta feita pelo entrevistador, que é respondida pelo entrevistado. Em seguida o entrevistador faz outra pergunta, aí o entrevistado responde, e assim vai.

No caso da entrevista de d. Lúcia foi diferente. Ela sempre foi famosa por fazer tudo de maneira peculiar, original e interessante. Começou a conversa com uma resposta e, em seguida, fez quatro perguntas. Vamos a ela, então.

---

6. A personagem d. Lúcia, que aparece neste capítulo, foi inventada pelo autor deste livro. A informação de que Monteiro Lobato usou uma amiga como inspiração para criar Narizinho, personagem das aventuras do Sítio do Picapau Amarelo, só é válida no âmbito da ficção. Mas todos os fatos referentes à vida de Monteiro Lobato são reais.

D. LÚCIA Verdade pura! É claro que eu sou a menina de narizinho arrebitado. Veja só meu perfil. Mas não sou a Narizinho. Digamos que fui a modelo para a também chamada Lúcia. No entanto, as aventuras daquela menina, seu primo, sua boneca falante e seus amigos saíram inteirinhas da cachola do Juca. Não sei se vocês sabem que esse era o apelido de José Bento. Não sei se vocês sabem que esse foi o segundo nome de José Renato. E não sei se vocês sabem que esse foi o primeiro nome de Monteiro Lobato. Mas tenho certeza de que sabem que meu querido amigo tinha a sabedoria, a inteligência, o bom humor, a coragem e a imaginação tão grandes quanto suas sobrancelhas.

D. Lúcia parou alguns segundos para respirar e continuou.

D. LÚCIA Posso fazer uma ou mais perguntas, não é? A reportagem que você e seus colegas irão fazer não será daquelas de um quarto de página, será? Vocês não vão picotar o que eu vou dizer e colar pedaços fora de ordem, me fazendo passar por idiota, vão? E você não vai citar o que a oposição anda dizendo, que sou uma velhinha caduca, demente e coroca, que tenho delírios de que sou a Narizinho do Sítio do Picapau Amarelo só porque morei a vida toda em um sítio em Taubaté e fui amiga de Juca. Vai?

D. Lúcia olhou para o entrevistador e fez mais duas perguntas.

D. LÚCIA Você vai ficar só sorrindo ou vai começar a me fazer perguntas? Meu Deus do céu! Como é que você poderia me perguntar alguma coisa se até agora eu não parei de falar?

ENTREVISTADOR A senhora quer que eu responda a alguma dessas perguntas?

D. LÚCIA A segunda, a terceira e a quarta, pode ser?

ENTREVISTADOR Com certeza. Nossa reportagem vai ocupar uma edição inteira da revista. Vai ser uma edição especial. Eu pretendo colocar a entrevista toda, sem cortes nem retoques.

D. LÚCIA Que beleza!

ENTREVISTADOR E não vou nem comentar sobre o que "a oposição anda dizendo", se assim a senhora preferir.

D. LÚCIA É assim que eu quero. Porém, se você vai colocar nossa conversa inteirinha, teríamos que gravar tudo de novo, não é? Ah, deixemos como está e não se fala mais nisso, que tal?

ENTREVISTADOR Para mim, está perfeito.

D. LÚCIA Que bom.

ENTREVISTADOR Posso começar a perguntar?

D. LÚCIA Você se incomodaria em responder a mais algumas perguntas antes de eu começar a responder às suas?

ENTREVISTADOR De maneira nenhuma.

D. LÚCIA Obrigada. Você ainda não experimentou os biscoitos de polvilho. São minha especialidade.

ENTREVISTADOR Que delícia!

D. LÚCIA Ih, o café esfriou.

ENTREVISTADOR Tudo bem, eu já tomei o suficiente.

D. LÚCIA Não seja bobinho. Nós não podemos passar horas conversando sem tomar golinhos de café para aquecer a garganta, podemos?

ENTREVISTADOR Acho que não.

D. LÚCIA Eu não acho, tenho certeza. Então, com licença, vou pedir para minha neta trazer mais um bule. Emília! Emilinha, minha flor! Isso mesmo, minha boneca, faça mais café. E já pode fritar os bolinhos. Obrigada.

ENTREVISTADOR Foi a senhora...

D. LÚCIA Não, não fui eu que escolhi o nome de minha neta, não. Foi minha filha, que não se chama Emília. Meu marido não quis, não deixou, bateu o pé, fez cara feia e até malcriação. Por puro ciúme.

ENTREVISTADOR De Monteiro Lobato?

D. LÚCIA Dele mesmo, claro. Imagine só, que bobagem. Mais que um amigo, Juca foi o irmão que eu não tive. E Judith e Esther foram as irmãs que eu não tive. Sou filha única. Minha mãe morreu no meu parto. Isso era bem comum antigamente. As crianças nasciam em casa em vez de virem ao mundo em maternidades, onde há todo tipo de equipamentos, técnicas de higiene e médicos e enfermeiras para emergências. O parto não é uma aventura só para os bebês, mas para as mães também. E ainda dizem que a ciência é inimiga do homem. Ela pode ser a pior inimiga, mas pode ser a melhor amiga também. Ah, me desculpe, eu fui até a Lua e voltei. Onde estávamos?

ENTREVISTADOR A senhora ia me fazer algumas perguntas.

D. LÚCIA É claro, que cabeça a minha. Quero saber o que você já sabe sobre Juca. Assim nós poderemos falar bastante do que você não sabe. Que tal?

ENTREVISTADOR Perfeito.

D. LÚCIA Você sabe que o menino chamado José Renato Monteiro Lobato nasceu em Taubaté, no dia 18 de abril de 1882?

ENTREVISTADOR Sim, seis anos antes da abolição da escravidão.

D. LÚCIA E que seu pai era José Bento Marcondes Lobato, e sua mãe, Olympia Augusta Monteiro Lobato?

ENTREVISTADOR Sim, e também sei que foi a mãe que o ensinou a ler e escrever.

D. LÚCIA Tem gente que acha que foi a avó Anacleta, porque era professora em Taubaté.

ENTREVISTADOR Mas foi mesmo d. Olympia.

D. LÚCIA Foi. Sabia que Juca passava horas e horas na biblioteca da casa do avô materno, o visconde de Tremembé?

ENTREVISTADOR Os avós estavam sempre entre a fazenda do Buquira e a casa na cidade, que ficava na rua Quinze de Novembro.

D. LÚCIA Você sabia que no Brasil os títulos de nobreza não passavam de pai para filho, como na Europa?

ENTREVISTADOR Sabia. O imperador d. Pedro II distribuiu esses títulos a torto e a direito, para conseguir apoio para governar o país. Aliás, ele não distribuiu nada.

D. LÚCIA Não mesmo.

ENTREVISTADOR Para se tornar barão, conde ou marquês, o cidadão tinha que pagar muitas taxas.

D. LÚCIA Verdade pura. É de seu conhecimento que Juca se casou com Purezinha?

ENTREVISTADOR Conhecida também como Maria da Pureza de Castro Natividade.

D. LÚCIA E eles tiveram quatro filhos.

ENTREVISTADOR Martha, Edgard, Guilherme e Ruth.

D. LÚCIA Os dois meninos morreram adultos, mas antes do pai, o que não me parece certo. Se bem que a vida é assim mesmo, não é? Nem sempre é justa, mas a gente aprende com as tristezas e as alegrias, os erros e os acertos.

ENTREVISTADOR É verdade.

D. LÚCIA E você sabe que Juca foi fazendeiro por um tempo, pois herdou a fazenda São José do Buquira quando faleceu o avô materno, o visconde de Tremembé?

ENTREVISTADOR Sei. E sei também que ele vendeu essa fazenda seis anos depois.

D. LÚCIA E que ele tanto fez que conseguiu viver por um bom tempo de escrever, traduzir, adaptar e editar livros?

ENTREVISTADOR Sim.

D. LÚCIA É de seu conhecimento que ele teve uma das primeiras editoras brasileiras?

ENTREVISTADOR Sim, chamada Monteiro Lobato e Cia.

D. LÚCIA Até o começo do século 20 os livros vendidos no Brasil eram editados em Paris ou Lisboa.

ENTREVISTADOR Mesmo os livros escritos por brasileiros.

D. LÚCIA Você deve saber que Juca passou seis meses preso porque teve coragem de dizer aos quatro ventos que havia petróleo no Brasil.

ENTREVISTADOR Hoje parece impossível que alguém acreditasse no contrário. Mas naquela época era melhor para o bolso de alguns políticos que isso não fosse divulgado.

D. LÚCIA E que, além de escrever os maravilhosos livros sobre o Sítio do Picapau Amarelo, ele escreveu livros para adultos?

ENTREVISTADOR Sim, começando por um de contos, chamado *Urupês*.

D. LÚCIA Muito bem. Por enquanto, vamos parar por aqui, porque não precisamos falar do fim dessa história tão bonita. Depois do almoço nós voltamos ao início, está bem?

ENTREVISTADOR Com certeza.

Depois de se fartar, tomar um cafezinho e ir ao banheiro, o entrevistador foi convidado a tirar uma pestana em uma das redes da varanda. Ele recusou e, entre um bocejo e outro, a entrevista continuou.

D. LÚCIA Sua vez de perguntar. Você se incomoda se eu fizer tricô enquanto conversamos?

ENTREVISTADOR Claro que não. Podemos começar?

D. LÚCIA Com certeza.

ENTREVISTADOR D. Lúcia, este sítio onde a senhora mora é o Sítio do Picapau Amarelo?

D. LÚCIA Mas que maneira criativa de me perguntar se eu sou a menina do narizinho arrebitado!

ENTREVISTADOR É?

D. LÚCIA É, não sou e sou, como já disse. Sobre o sítio, ele não é o de d. Benta Encerrabodes de Oliveira. Se bem que, se você andar por aí, com os olhos bem abertos, é capaz de ver um pica-pau amarelo.

ENTREVISTADOR É mesmo?

D. LÚCIA É, sim, meu filho. O nome deste sítio é Portão do Ribeirão, por causa de um pedaço mais raso da margem do ribeirão. Parece uma pequena praia, onde a água é calma. É o melhor trecho para quem quer nadar sem o risco de ser levado pela correnteza e de se afogar, que esse exagero de rio é bravo e não tem pena nem de criança.

ENTREVISTADOR Houve casos de afogamento?

D. LÚCIA Sim, mas antes de meu tempo. Eu mesma, quando era um pelotinho de gente, quase fui levada porque fui desafiada a mergulhar fora do portão e me pendurei em um galho de chorão, imagine só, feito a Jane do Tarzan.

ENTREVISTADOR Quem foi que desafiou a senhora?

D. LÚCIA Exatamente quem você está pensando. Mas foi ele mesmo que me salvou.

ENTREVISTADOR Juca?

D. LÚCIA Claro, aquele danado.

ENTREVISTADOR De qualquer maneira, este sítio serviu de inspiração para o da ficção.

D. LÚCIA Certamente.

ENTREVISTADOR E os bichos? A senhora tinha por acaso um leitão de estimação?

D. LÚCIA Tinha, sim, o único que sobrou de uma leva de sete. Quando eu era criança, comia-se muita carne de porco; ainda se come, mas não daquele jeito. A banha de porco, ou seja, a gordura do dito cujo, era usada para fazer pães, frituras, diversos pratos.

ENTREVISTADOR É mesmo?

D. LÚCIA É, sim. Mas hoje, neste sítio, não se come presunto, lombo nem toucinho. Desde que me tornei dona da casa, não admito que matem um porquinho. Os que já existiam por aqui foram se reproduzindo. Existe um bando deles soltos por aí. São todos de estimação, têm nome e apelido, feito cachorros.

ENTREVISTADOR E eles atendem pelo nome?

D. LÚCIA Claro, porcos são mais inteligentes que gatos e cachorros, sabia?

ENTREVISTADOR Não sabia, não.

D. LÚCIA Pois ficou sabendo. E essa história de tratar porco feito cachorro é um dos motivos de acharem que eu inventei o papo de que fui amiga do Monteiro Lobato.

ENTREVISTADOR E galinhas?

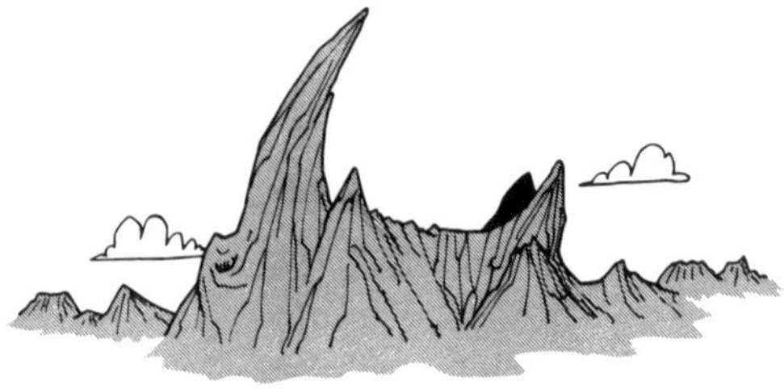

D. LÚCIA Eu tenho, também, por causa dos ovos. Mas acredito que aqui seja o único lugar do mundo onde galos e galinhas morrem de velhice. E vivem todos soltos por aí.

ENTREVISTADOR Tem bastante bicho por aí.

D. LÚCIA Tem mesmo. Você pode passar quanto tempo quiser andando por aí que não vai encontrar um rinoceronte que responde pelo nome de Quindim. Mas foi naquela cozinha ali, depois de devorar três quindins ainda quentinhos, que Juca teve essa ideia. Ou será que essa cena é uma daquelas que eu imaginei?

ENTREVISTADOR Quem pode saber?

D. LÚCIA Ninguém, já que eu mesma não sei. Depois a gente pode dar uma volta para você ver o rinoceronte que não se chama Quindim.

ENTREVISTADOR É mesmo?

D. LÚCIA É sim. Fica no alto daquele morro. É uma pedra esculpida pelo vento que parece muito um rinoceronte. Mas... do que é que eu estava falando mesmo?

ENTREVISTADOR A senhora estava contando do Rabicó.

D. LÚCIA Sim, mas não! Meu leitão não se chamava Rabicó nem era marquês. O único nobre que eu conheci e com quem convivi foi o visconde de Tremembé, avô de Juca.

ENTREVISTADOR E seu leitão de estimação morreu de velhice?

D. LÚCIA Acabou virando ceia de natal, ainda que eu o tenha escondido o quanto pude. As crianças mal eram ouvidas pelos adultos naquela época, imagine se iam levar em conta uma maluquice dessas de ter estima por um prato farto.

ENTREVISTADOR As crianças não costumavam ter opinião a respeito de nada, não é?

D. LÚCIA Não, a gente tinha opinião. Mas não havia adulto que estivesse interessado nela. Parece incrível, mas no começo do século 20 não havia muito papo entre os miúdos e os graúdos. Nem mesmo minha avó, que era uma contadora de histórias compulsiva, prestava atenção no que eu tinha para dizer. As crianças eram essas criaturas que serviam para ouvir, sabe?

ENTREVISTADOR Esse talvez tenha sido um dos fatores para o sucesso imenso e imediato dos livros infantis de Monteiro Lobato, não?

D. LÚCIA Verdade pura! O primeiro deles, *A menina do narizinho arrebitado*, vendeu cinquenta mil exemplares em nove meses! Até hoje, no Brasil, isso é uma façanha própria de um Hércules.

ENTREVISTADOR Narizinho e Pedrinho foram as primeiras crianças brasileiras a serem ouvidas pelos adultos?

D. LÚCIA Foram, sim. Faziam todas aquelas perguntas para uma pessoa adulta e conseguiam respostas!

ENTREVISTADOR Isso não acontecia nem nas escolas, não é?

D. LÚCIA Não mesmo. O aluno ou a aluna que levantasse o braço pedindo para fazer uma pergunta fora de hora no mínimo levava uma bronca.

ENTREVISTADOR Mas existia hora para perguntas, então?

D. LÚCIA Não, foi só maneira de dizer.

ENTREVISTADOR E toda aquela esperteza e animação da Emília?

D. LÚCIA Esperteza, animação e falta de educação! Juca teve o cuidado de colocar toda aquela sabedoria espontânea e aquela irreverência em uma criança que não era criança. Só uma boneca de pano seria aceita com toda aquela falta de cerimônia...

ENTREVISTADOR Mas ela era como todas as crianças queriam ser, não era?

D. LÚCIA Ainda é, meu filho. Era exatamente isso que Juca queria, que as crianças fossem tão curiosas e sabidas e espevitadas quanto Emília. E que não se conformassem com nada, lutassem por suas ideias, tivessem coragem de discordar de tudo e todos. Principalmente dos adultos, ou seja, das autoridades.

ENTREVISTADOR Juca era parecido com ela?

D. LÚCIA Claro. A frase que eu mais ouvi da boca dele foi: "Eu estou sempre certo. Isso de errar é com os outros, ora essa!".

ENTREVISTADOR Ele era exatamente como a Emília, então?

D. LÚCIA Não era, não. Para a parte mais engraçada da Emília, aquela teimosia, o egoísmo infantil exagerado e o apego com os bilongues dela, Juca se inspirou em outra pessoa. Uma menina, uma verdadeira diabinha, mas eu não vou dizer o nome dela. Não mesmo!

Já tinham se passado quase duas horas desde o fim do almoço e já estava mais que na hora de entrevistador e entrevistada mastigarem alguma coisa.

Biscoitos de polvilho caseiros e bolinhos de chuva — que podem ser comidos mesmo quando não está chovendo — foram servidos com uma xícara de chá de carqueja, que é amargo para o paladar e doce para o aparelho digestivo.

Depois de meia hora de conversa jogada fora, recheada com o lanchinho, estavam ambos prontos para retomar a entrevista.

Mais uma vez, foi d. Lúcia quem começou.

D. LÚCIA Sempre que chega abril, me dá um nó na garganta de saudade daquele danado.

ENTREVISTADOR Por causa do aniversário dele?

D. LÚCIA É. E abril sempre foi o melhor mês do ano. Nem frio, nem quente. Nem mês das águas, nem de seca.

ENTREVISTADOR Alguma vez a senhora achou que seu amigo era um menino especial, que se tornaria um adulto excepcional?

D. LÚCIA Desde pequeno dava para saber que ele seria um puxa-fila da humanidade. Sábio sem ser sisudo. Bem-humorado e com bom gosto. Artista sem se desligar do que se passava no Brasil e no mundo.

ENTREVISTADOR O que a senhora achou de o dia 18 de abril passar a ser oficialmente o dia do livro infantojuvenil?

D. LÚCIA Uma lindeza. Ele sempre teve muito amor pelos livros. E a coleção de histórias do Sítio do Picapau Amarelo é um clássico, um ponto de partida para tudo de melhor que se escreveu para esse público.

ENTREVISTADOR A senhora sabe quais foram as primeiras leituras dele?

D. LÚCIA Com certeza Juca leu vários livros de Júlio Verne e várias vezes o Robinson Crusoé. No entanto, o primeiro livro da vida dele foi *João Felpudo*.

ENTREVISTADOR E os livros de Figueiredo Pimentel?

D. LÚCIA Ah, ele deve ter lido também. Antes dos livros do Sítio, os de Figueiredo Pimentel eram os melhores que as crianças tinham para ler no Brasil. Eu não sei se Juca leu algum, mas eu li vários. Eu tinha aqui alguns, inclusive o que eu acho que foi o primeiro a ser publicado, em 1894, chamado *Contos da carochinha*; nós éramos crianças.

ENTREVISTADOR É neste livro que tem a história "Festa no céu"?

D. LÚCIA Não, essa fazia parte de outro, chamado *Histórias da avozinha*. Mas o nome dessa história é "O cágado e o urubu", viu?

ENTREVISTADOR É mesmo? Eu adoro essa história do cágado ir para a festa no céu escondido no violão do urubu.

D. LÚCIA Eu também gosto, mas minha preferida sempre foi a da d. Baratinha.

ENTREVISTADOR Pode ser que o Lobato tenha lido esses livros aqui?

D. LÚCIA Pode, sim, claro. Ele e as irmãs estavam sempre aqui, quando não estávamos os quatro na casa dos avós deles, no mato ou na beira do ribeirão, pescando lambari e traíra.

ENTREVISTADOR A senhora acredita que Figueiredo Pimentel tenha sido um precursor de Monteiro Lobato?

D. LÚCIA Acredito, afinal, quando ele começou a publicar, nós éramos crianças, como eu já disse.

ENTREVISTADOR Mas há quem acredite que Lobato não teve precursores, porque ele foi o primeiro a criar e escrever histórias para crianças brasileiras, com histórias brasileiras, personagens brasileiros, temas, jeito, linguagem e vocabulário brasileiros.

D. LÚCIA Pode ser. Mas Juca não nasceu pronto, não é? Ele devorou pilhas de livros e até o fim da vida continuou estudando, fuçando, aprendendo. O verdadeiro sábio reconhece que sabe muito pouco, não é?

ENTREVISTADOR Acho que sim.

D. LÚCIA Foi o que a gente procurou fazer e fez a infância inteira, a gente estava sempre brincando, aprendendo, brincando de aprender e aprendendo a brincar e a aprender.

ENTREVISTADOR Por falar em brincar, quais eram os brinquedos de Juca?

D. LÚCIA Ele não tinha. A Ruth e a Judith também não. Nem eu. Quase nenhuma criança tinha brinquedo. Não existiam brinquedos feitos no Brasil, só os importados, que eram caríssimos.

ENTREVISTADOR E com o que vocês brincavam?

D. LÚCIA A imaginação infantil transforma qualquer coisa em brinquedo. Numa das viagens que fiz pelo sertão nordestino, conheci uma menina que brincava de boneca com um osso de boi. Juca fazia bonecos com chuchu, mamão verde, beterraba. E sabugo de milho, claro.

ENTREVISTADOR De certa maneira, Lobato tinha um pouco de cada um dos principais personagens do Sítio, não é?

D. LÚCIA Sim. Ele era moleque e criativo como o Pedrinho, curioso e justiceiro como a Narizinho, sábio e educado como o Visconde de Sabugosa, culto e contador de histórias como d. Benta, habilidoso e artista como tia Nastácia e esperto, espevitado, brigão, corajoso, brilhante, genial e genioso como a Emília.

ENTREVISTADOR Vocês eram amigos inseparáveis?

D. LÚCIA Sim e não, na medida em que meninos e meninas podem ser amigos. Até certa idade éramos mais, depois menos, depois mais de novo. E sempre havia momentos, períodos, dias em que ele era só Pedrinho. Enfiando-se no mato para, por exemplo, caçar pequenos bichos.

ENTREVISTADOR Passarinhos, inclusive?

D. LÚCIA Sim, claro. Mas não pense mal de Juca, por favor. Afinal de contas, hoje é crime matar passarinho. Mas naquela época quase todos os meninos que tinham a oportunidade faziam isso. E a maioria das meninas não.

ENTREVISTADOR E a senhora?

D. LÚCIA Eu, então, menos ainda. Nunca. Não estou dizendo que era melhor ou pior do que acontece hoje. Simplesmente era daquele jeito. Enquanto os meninos passavam bastante tempo ao ar livre, as meninas se enfiavam na sala de estar e na cozinha para aprender a costurar, bordar e cozinhar.

ENTREVISTADOR A senhora sabe se ele teve alguma doença comum naquele tempo?

D. LÚCIA Os irmãos geralmente ficavam doentes juntos, um passava para o outro. Os amigos próximos também, claro. Foi assim comigo e com Juca. Tivemos caxumba aos nove anos, sarampo aos dez. Então, aos onze, ele teve tosse comprida. E eu, catapora.

ENTREVISTADOR Então ele não teve nada grave.

D. LÚCIA Não, e nada nos pulmões, como a doença que matou o pai dele.

ENTREVISTADOR Ele tinha quinze anos quando o pai faleceu, certo?

D. LÚCIA Certo. Nem para tudo tem remédio, não é?

ENTREVISTADOR E foi aí que ele ganhou a bengala, certo?

D. LÚCIA Errado. Juca tinha onze anos quando ganhou a bengala do pai.

ENTREVISTADOR É mesmo?

D. LÚCIA É, sim. Foi em... 1893. Eu sei porque foi quando ele mudou o segundo nome.

ENTREVISTADOR De José Renato ele passou a ser José Bento, não foi?

D. LÚCIA Como o pai. Exatamente porque queria ter as mesmas iniciais do senhor José Bento Marcondes Lobato. Mas teve outra razão, viu?

ENTREVISTADOR Qual?

D. LÚCIA Juca achava que Renato rimava com rato. Veja se não é uma ideia própria da Emília.

ENTREVISTADOR Então isso aconteceu quatro anos antes de o pai falecer.

D. LÚCIA E cinco anos antes de a mãe morrer de tristeza. Tem tudo a ver com o grande sonho que Juca descartou, o único sonho do qual ele abriu mão em toda sua vida.

ENTREVISTADOR Conte, por favor.

D. LÚCIA Conto, sim. Mas não agora, meu filho. A luz já está caindo. Eu preciso fechar a casa, dar uma finalizada na sopa e no assado e fazer minha toalete noturna. De modo que esse é o momento perfeito para você dar uma cochilada em uma dessas redes. Eu peço a alguém que o acorde depois, para o jantar. Que tal?

O entrevistador tentou resistir, mas acabou aceitando a sugestão de d. Lúcia. Depois do cochilo, ele tomou um banho de cachoeira, um banho de chuveiro e se fartou mais uma vez.

O DIA DECISIVO

Em seguida, os dois voltaram para a varanda, então perfumada pelas flores noturnas, e a entrevista chegou em sua parte final, regada a várias xícaras de café e um golinho de licor de jabuticaba.

D. LÚCIA Não sei se os estudiosos concordam comigo, mas eu considero que Juca foi pintor antes de ser escritor.

ENTREVISTADOR E foi esse o sonho que ficou para trás?

D. LÚCIA Ele não escreveu quando criança e adolescente. Ele desenhou, pintou, fez caricaturas. Caso tivesse seguido seu gosto e sua vontade, era isso que ele teria como ofício, profissão. Mas quem tomou a decisão foi o sr. José Francisco Monteiro.

ENTREVISTADOR O visconde de Tremembé, certo?

D. LÚCIA Certo. O avô materno. Isso começou no dia 13 de junho de 1898, com a morte do pai de Juca. Quase um ano depois, no dia 22 de junho de 1899, faleceu a mãe. De depressão. Existiram e continuam existindo grandes histórias de amor como essa. Um não se recupera da morte do outro, não suporta viver sem o outro e morre logo depois.

ENTREVISTADOR O dia 22 de junho de 1899 foi, então, muito especial na vida de Monteiro Lobato.

D. LÚCIA Foi. Nesse dia morreu também um pintor.

ENTREVISTADOR E nasceu um escritor?

D. LÚCIA Lá isso é verdade. Ou não. Quem sabe? Será que ele teria conseguido sobreviver e criar uma família com a pintura?

ENTREVISTADOR Como foi que o avô tomou essa decisão?

D. LÚCIA Tomando, ora. Ele assumiu a tutela dos três netos e proibiu Juca de cursar a faculdade de belas-artes. Porque não estava na lista de três opções para os meninos de "boa família", que deviam usar pelo resto da vida um anel com pedra verde, azul ou vermelha.

ENTREVISTADOR As opções eram medicina, engenharia e direito?

D. LÚCIA Exatamente. Era imprescindível adquirir o título de doutor. Juca poderia usar o anel de rubi. Mas nunca usou. E nunca praticou a advocacia, claro.

ENTREVISTADOR Ele continuou desenhando e pintando depois disso, não é?

D. LÚCIA Sim, não sei até quando... Nós fomos perdendo o contato.

ENTREVISTADOR A senhora não se aflige ao imaginar que o Brasil e o mundo poderiam ficar sem a obra literária de Monteiro Lobato?

D. LÚCIA Claro, sem a maravilha das maravilhas que são os escritos do Juca. Mas... não sei. Talvez. Quem sabe?

ENTREVISTADOR Qual é a dúvida?

D. LÚCIA O que meu coração diz é que a felicidade de um ser humano é mais importante que qualquer outra coisa. Ainda mais se esse ser que foi tão humano foi seu amigo durante toda a infância e a adolescência.

ENTREVISTADOR Monteiro Lobato mudou mais de uma vez de vida, certo?

D. LÚCIA Certo. Ele foi funcionário público, jornalista, fazendeiro, dono de editora etc. Acho que sei aonde você quer chegar. O Juca poderia muito bem ter voltado atrás depois da morte do avô. Quem sou eu para dizer o que teria sido melhor para ele, sua família, o Brasil e o mundo?

ENTREVISTADOR Talvez ele tenha se realizado usando o talento visual em seus livros.

D. LÚCIA Com certeza. Por isso ele escreveu como a aranha costureira de mil anos costurava: usando a tesoura da imaginação, a linha do sonho e a agulha da fantasia!

MÁRIO DE ANDRADE,
UM ANTIGO MODERNO[7]

PRIMEIRA PARTE

ZÉ LOSAVO FIDUA Olá, sejam bem-vindos a nosso estúdio. Nosso, porque este programa não existe sem vocês, telespectadores! Então, ajeitem-se na poltrona, relaxem o corpo e aticem a mente, porque vocês estão convidados a descobrir a identidade secreta do personagem de hoje! Eu sou Zé Losavo Fidua, e está começando mais um...

ZÉ LOSAVO, ASSISTENTES E PLATEIA *Quem Serei Eu?*

Aplausos.

ZÉ LOSAVO Vamos chamar os candidatos de hoje para o grande prêmio!

Vinheta musical.

ZÉ LOSAVO Eugênia Lopes e Lopes, locutora e dubladora!

Aplausos.

ZÉ LOSAVO Walter Gavião, jornalista e comentarista esportivo!

Aplausos.

ZÉ LOSAVO Lurdinha Darlene, artista plástica e astróloga!

---

7. As falas de Mário de Andrade que aparecem neste capítulo têm como base uma entrevista com o escritor feita por Homero Senna, publicada originalmente na *Revista d'O Jornal*, em 18/02/1945, e depois incluída no livro *República das letras* (Homero Senna. Rio de Janeiro: Civilização Brasileira, 1996).

Aplausos.

ZÉ LOSAVO E Jucés Anacleto, dentista e ator!

Aplausos.

ZÉ LOSAVO Jucés é um nome bem original, não é?

JUCÉS ANACLETO É um nome artístico.

ZÉ LOSAVO Que interessante!

JUCÉS ANACLETO Meu nome é Julio César. Jucés é meu apelido de criança, que grudou e ficou.

ZÉ LOSAVO Formidável!

Aplausos.

ZÉ LOSAVO Vamos começar a competição de hoje?

EUGÊNIA LOPES E LOPES Vamos, sim, Zé Losavo.

WALTER GAVIÃO Vam'bora.

LURDINHA DARLENE Isso!

JUCÉS ANACLETO Ótimo.

ZÉ LOSAVO Vamos abrir a cortina do passado para revelar a personalidade oculta!

Aplausos.

ZÉ LOSAVO Olá, personagem oculto.

MENINO Olá, Zé Losavo. Como vai?

ZÉ LOSAVO Tudo bem, e com você?

MENINO Estou bem, obrigado.

ZÉ LOSAVO Bárbaro!

Aplausos.

ZÉ LOSAVO Para quem está vendo nosso programa pela primeira vez, aqui vai uma rápida explicação: este menino é ator e vai representar uma figura ilustre de nossa história. Ele responderá a perguntas dos candidatos sobre a vida da personagem representada, para que eles possam descobrir...

MENINO Quem serei eu?

Aplausos.

ZÉ LOSAVO Na primeira parte da competição, só poderão ser feitas perguntas sobre sua infância. Na segunda, sobre sua adolescência. E na terceira, sobre sua vida adulta.

EUGÊNIA Eu tenho uma dúvida, Zé!

ZÉ LOSAVO Diga, Eugênia.

EUGÊNIA Em que idade, exatamente, termina a infância e começa a adolescência?

WALTER Mandou bem, colega. Nos dias de hoje parece que a infância pode acabar aos sete anos, e a adolescência pode durar até os trinta!

Risos.

JUCÉS Não é?

ZÉ LOSAVO Formidável, Walter. A produção avisa que usaremos a seguinte definição: a infância termina entre nove e onze anos, e a adolescência vai até mais ou menos a faixa dos dezoito aos vinte e um anos.

LURDINHA Mas eu tenho vinte e seis e ainda me sinto uma menina!

Risos e aplausos.

ZÉ LOSAVO Só mais uma coisa antes de darmos início à competição! Lembrem-se de que o menino é um ator. Ele estudou e sabe a resposta para todas as perguntas. No entanto, ele não pode falar da mesma maneira que o personagem misterioso falava quando era criança, não é? Apesar de ele poder, em alguns momentos, citar frases registradas. Vamos dar a partida para nossa viagem ao passado?

Aplausos.

ZÉ LOSAVO Nossas assistentes fizeram um sorteio para estabelecer a ordem das perguntas dos candidatos, e a primeira é de Lurdinha Darlene!

Aplausos.

LURDINHA Ai, logo eu? Tudo bem. Como você se chama?

ZÉ LOSAVO Não, vejam, eu me esqueci de comentar uma regra: vocês não podem perguntar o nome do personagem oculto, porque senão ele deixa de ser... oculto! Certo, moçada?

JUCÉS Claro.

EUGÊNIA É óbvio...

WALTER Beleza.

LURDINHA Ai, é mesmo! Desculpe, galera. Foi mal!

ZÉ LOSAVO Faça, então, outra pergunta, Lurdinha!

LURDINHA Tá. Você está de óculos.

MENINO Não entendi. Isso é uma pergunta?

LURDINHA Ah, só a primeira parte. Escuta a segunda: que problema de visão você tem?

MENINO Miopia. Forte. As lentes dos meus óculos parecem fundos de garrafa!

Risos e aplausos.

ZÉ LOSAVO Que pergunta interessante, Lurdinha! Parabéns!

LURDINHA É mesmo? Mas olha, menino, seus óculos são uma graça, com esses aros bem redondos, viu?

MENINO Obrigado, moça.

ZÉ LOSAVO A segunda pergunta será feita por Jucés!

JUCÉS Beleza. Você é afrodescendente?

MENINO Que jeito complicado de perguntar se sou negrinho!

EUGÊNIA Não fale assim, meu bem.

MENINO Por quê? É assim que falavam quando eu era pequeno, ué.

JUCÉS Sei...

EUGÊNIA Mas era um jeito desrespeitoso de falar, não era? Pelo menos quando dito por algumas pessoas.

MENINO É, acho que sim.

WALTER Era pior que hoje, mas isso não quer dizer que o preconceito acabou.

LURDINHA Pois é!

ZÉ LOSAVO Muito bem. Responda à pergunta, por favor.

MENINO Tá bom. Eu sou afrodescendente por parte de mãe e de pai.

LURDINHA Adoro essa sua cor de chocolate, viu?

MENINO Obrigado.

EUGÊNIA Esse comentário foi dispensável, em minha opinião.

LURDINHA Por quê?

MENINO É, por quê?

LURDINHA Tem tanta gente que passa bronzeador e fica horas debaixo do sol para ter uma cor parecida com a dele!

Aplausos.

JUCÉS Com certeza!

MENINO Pode ser, mas tem horas que é duro ter a pele mais escura...

EUGÊNIA Viu só?

ZÉ LOSAVO Nós poderíamos ficar horas trocando ideias sobre esse assunto, mas infelizmente nosso tempo não permite. Walter, a próxima pergunta é sua.

WALTER Beleza. Diga o ano em que você nasceu.

MENINO 1893.

LURDINHA Credo! Ele tem mais de cem anos!

JUCÉS É...

ZÉ LOSAVO Faz parte da brincadeira, não é?

MENINO Eu tô fazendo de conta que sou ele, né?

LURDINHA Ai, é verdade.

WALTER Pra quem não sabe: quando esse guri nasceu, fazia só cinco anos que o Brasil tinha acordado do pesadelo da escravidão.

EUGÊNIA E a ideia de igualdade entre todos os brasileiros começava a entrar na cabeça das pessoas.

JUCÉS Ainda parece que tá longe de entrar, galera!

Aplausos.

ZÉ LOSAVO Bravo, minha gente. É com você, Eugênia.

EUGÊNIA O nome dos pais eu posso perguntar?

ZÉ LOSAVO O nome sim, o sobrenome não.

EUGÊNIA Claro. E então, como seus pais se chamam?

MENINO Maria Luísa e Carlos Augusto.

ZÉ LOSAVO Lurdinha!

LURDINHA Você é libriano?

MENINO Sou.

LURDINHA Eu sabia.

MENINO Meu aniversário é no dia 9 de outubro.

ZÉ LOSAVO Formidável! Jucés, sua vez!

JUCÉS Você é pobre?

MENINO Não. Nem rico. A gente vive bem.

LURDINHA Que bom! Sei lá... É bom, né?

ZÉ LOSAVO Walter!

WALTER Em que cidade você nasceu?

MENINO Na terra da garoa.

WALTER São Paulo.

MENINO Isso mesmo. Eu sou paulista e paulistano. Com muito gosto.

Aplausos.

JUCÉS É muito bom a pessoa gostar do lugar onde nasceu, né?

Aplausos.

ZÉ LOSAVO Eugênia!

EUGÊNIA Qual é a profissão de seu pai e sua mãe?

MENINO Meu pai é escrivão; minha mãe, do lar.

ZÉ LOSAVO Para quem não sabe, hoje quem faz o trabalho de guarda-livros é o contador.

JUCÉS Pode crer.

LURDINHA Sou eu de novo, né?

ZÉ LOSAVO É, sim! Muito bem.

LURDINHA Qual é o nome de sua madrinha?

MENINO Nhã-nhã.

Risos.

LURDINHA Como...?

MENINO É apelido, ué. O nome dela é Ana Francisca e ela é a irmã caçula de minha mãe.

LURDINHA Que fofo.

ZÉ LOSAVO Jucés!

JUCÉS Você tem irmãos?

MENINO Tenho dois. O mais velho se chama Carlos, e o mais novo, Renato.

WALTER Onde foi sua primeira casa?

MENINO Rua Aurora, 320. A gente se mudou de lá para a rua Paiçandu quando meu avô morreu.

EUGÊNIA Houve outros endereços?

MENINO Rua Lopes Quintas, 546, na Barra Funda. Morei naquele sobrado até morrer.

ZÉ LOSAVO Lurdinha, sua vez de novo.

LURDINHA Você gosta de estudar?

MENINO Não.

JUCÉS E seus irmãos?

MENINO Eu sou a ovelha negra da família, sabia?

Risos.

WALTER Você tira notas baixas, é?

MENINO Tiro, em todas as matérias, menos em português.

EUGÊNIA Eu gostaria de saber se depois de alguns anos você continua indo mal na escola.

MENINO Não, me dá não sei o quê, e eu começo a estudar feito um louco.

Aplausos.

LURDINHA E você é arteiro?

MENINO Como todo menino.

Pausa.

ZÉ LOSAVO Jucééés!

JUCÉS E você é arteiro?

LURDINHA Ai, eu acabei de perguntar isso e ele respondeu uns doze segundos atrás.

JUCÉS Mas eu quero saber outra coisa. Você desenha, pinta, dança, atua ou fica à toa?

Risos.

MENINO Eu toco piano.

WALTER E você é bom nisso?

MENINO No começo, não. Todos os elogios vão para meu irmão menor, o Renato. Mas depois eu melhoro muito, sabe? Eu viro um menino-prodígio!

Aplausos.

ZÉ LOSAVO Parabéns! Um dado muito importante sobre a figurinha carimbada de hoje acaba de ser revelado! Eugênia!

EUGÊNIA Você não faz mais nenhum tipo de arte?

MENINO Com onze anos faço uma poesia cantada, esquisita, que deixa minha mãe irritada; com onze, escrevo um poema com palavras inventadas.

ZÉ LOSAVO Que interessante!

MENINO Me dá um estalo durante um piquenique de subúrbio. Me dá vontade de repente de fazer um poema herói-cômico sobre um desastre da Central. E faço.

Aplausos.

LURDINHA Acontece, tipo, alguma coisa muito forte, que muda sua vida?

MENINO Acontece.

JUCÉS Você lembra em que dia isso acontece?

MENINO Sabe que sim...? Foi no dia 12 de junho de 1913.

ZÉ LOSAVO Formidável! Esse evento tão importante aconteceu quando ele tinha vinte anos, na fase final da adolescência. Todos queremos saber o que aconteceu no dia que dividiu sua vida em antes e depois, não é?

TODOS É!

ZÉ LOSAVO Mas...

WALTER Que coisa. Tem sempre que ter um "mas"!

ZÉ LOSAVO Mas isso é assunto para a segunda parte do...

Vinheta musical.

TODOS *Quem Serei Eu?*

Aplausos.

SEGUNDA PARTE

ZÉ LOSAVO Voltamos a apresentar...

Vinheta musical.

TODOS *Quem Serei Eu?*

Aplausos.

ZÉ LOSAVO E quem começa perguntando é Walter Gavião!

WALTER Beleza. No dia 12 de junho de 1913 você decide o que vai ser quando crescer?

MENINO Não. Quer dizer, foi por causa de uma coisa que aconteceu nesse dia que eu decidi que não seria mais o que tinha decidido. Mas a decisão só aconteceu uns dias depois.

EUGÊNIA E o que você queria ser antes desse dia decisivo na sua vida?

MENINO Pianista concertista.

Aplausos.

LURDINHA Aconteceu algum acidente?

MENINO Nada que não aconteça com qualquer outro rapaz.

LURDINHA Você ficou tristinho. Por quê?

MENINO Nada, não.

ZÉ LOSAVO Jucés.

JUCÉS Eu ia fazer uma pergunta, mas mudei de ideia. É... Acontece algum acidente com alguém da sua família?

MENINO Acontece. Com meu irmão. Mais novo. O Renato.

WALTER Deixa comigo, Zé. Diga aí, por que você decide mudar seus planos?

MENINO Por causa de uma cabeçada num jogo de futebol.

Pausa. Silêncio.

ZÉ LOSAVO Que revelação impressionante! Estão todos boquiabertos no estúdio!

EUGÊNIA Ai, é uma tragédia. Como isso aconteceu?

MENINO Os meninos, quando estão jogando bola, vivem dando caneladas, cotoveladas e cabeçadas uns nos outros. Só que essa coisa tão banal, para o Renato, foi fatal.

LURDINHA Coitadinho! Quantos anos ele tem quando isso rola?

MENINO Catorze.

JUCÉS Só? E você?

MENINO Vinte anos.

WALTER Você desiste do piano porque o Renato também tocava?

MENINO Não. Eu fico com as mãos tremendo sem parar. Não consigo tocar. Não posso nem pensar em tocar. Antes, eu estudava piano durante várias horas, todo dia. Depois não dava mais. Eu sabia que não ia mais me apresentar tocando piano. E aí eu comecei a ficar fraco, porque eu passei dias e dias sem dormir nem comer.

EUGÊNIA Você faz algum tipo de tratamento para se recuperar?

MENINO Que nada. Um tio me leva pra fazenda dele, pra ver se diminui o buraco que se formou em meu coração.

LURDINHA Que coisa! É nessa fazenda que acontece a divisão entre antes e depois, que muda sua vida para sempre?

MENINO É, sim.

ZÉ LOSAVO E é nesse momento crucial que vamos para nosso intervalo comercial. Fiquem ligados, porque logo mais iremos descobrir...

Vinheta musical.

MENINO *Quem Serei Eu?*

Aplausos.

[*Anúncios*]

TERCEIRA PARTE

ZÉ LOSAVO Voltamos a apresentar...

Vinheta musical.

TODOS *Quem Serei Eu?*

Aplausos.

ZÉ LOSAVO Estamos nos aproximando do momento em que um de nossos participantes ganhará o grande prêmio!

Aplausos.

ZÉ LOSAVO E será revelada a identidade de nosso personagem de hoje!

JUCÉS A primeira pergunta é minha, certo?

ZÉ LOSAVO Isso mesmo. Você está ligado no lance, não está?

JUCÉS Claro. Aí, garoto, o que rola naquela fazenda?

MENINO Volto poeta da fazenda. Mas na verdade ninguém se faz escritor. Tenho a certeza de que fui escritor desde que fui concebido. Ou antes... Meu avô materno foi escritor de ficção, meu pai também. Tenho a desconfiança vaga de que refinei a raça.

WALTER Poeta? Afrodescendente? Nascido no século 19? Paulista e paulistano? Já posso dar meu lance.

ZÉ LOSAVO Parabéns!

Aplausos.

ZÉ LOSAVO Diga qual é, em sua opinião, nosso personagem oculto!

Vinheta musical.

WALTER Luiz Gama.

Pausa. Silêncio.

ZÉ LOSAVO Sua resposta está cer... cer...

Vinheta musical.

ZÉ LOSAVO Certamente errada! Mas valeu a participação. Uma salva de palmas para Walter Gavião!

Aplausos.

ZÉ LOSAVO Onde foi que ele errou? Luiz Gonzaga Pinto da Gama era afrodescendente e poeta. Mas, em primeiro lugar, era baiano. Em segundo, o jornalista e advogado conhecido como "Amigo de Todos" nasceu em 21 de junho de 1830, portanto sessenta e três anos antes de nosso personagem oculto.

Aplausos.

ZÉ LOSAVO Muito bem, agora são apenas três candidatos para o grande prêmio! E a próxima é você, Eugênia Lopes e Lopes!

EUGÊNIA Você escreve outro tipo de coisa, além de poesia?

MENINO Escrevo, sim. Contos, romances, crônicas, críticas.

EUGÊNIA Zé Losavo, quero dar um lance!

ZÉ LOSAVO Parabéns!

Aplausos.

EUGÊNIA O personagem oculto é Machado de Assis.

Pausa. Silêncio.

ZÉ LOSAVO Sua resposta está e... e...

Vinheta musical.

ZÉ LOSAVO Errada!

Aplausos.

EUGÊNIA Que pena! Eu tinha certeza.

ZÉ LOSAVO Joaquim Maria Machado de Assis era autor de poemas, contos, romances, crônicas e críticas, além de ser afrodescendente, mas... você esqueceu que ele nasceu no Rio de Janeiro!

EUGÊNIA Ah, é mesmo!

ZÉ LOSAVO E, além dele, os pais de Machadinho só tiveram uma filha, que morreu aos quatro anos.

EUGÊNIA É mesmo!

LURDINHA E ele era um típico geminiano.

EUGÊNIA É mesmo?

LURDINHA Sim!

ZÉ LOSAVO De qualquer maneira, foi um prazer ter você aqui conosco!

EUGÊNIA Obrigada!

Aplausos.

LURDINHA Eu tenho um palpite, mas... Sei lá, acho que ainda não vou arriscar.

ZÉ LOSAVO Parabéns!

Aplausos.

LURDINHA Me conta, existe uma biblioteca pública com seu nome?

MENINO Existe, sim.

ZÉ LOSAVO Que pergunta interessante, Lurdinha Darlene. Mas existem muitas bibliotecas públicas com nome de escritor na cidade de São Paulo. Inclusive uma biblioteca infantil, que se chama Monteiro Lobato.

JUCÉS Mas essa biblioteca com seu nome é a maior e mais importante biblioteca municipal?

MENINO É, sim. Ela fica num prediozão na esquina da rua São Luiz com a Xavier de Toledo.

LURDINHA Uma pergunta que eu queria fazer desde o começo: você é casado?

MENINO Não. Fui solteiro a vida toda.

JUCÉS Você tem outras profissões, além de escrever?

MENINO Tenho, sim, eu sou "or" e "ista".

Risos.

ZÉ LOSAVO Formidável! Mas o que você quer dizer com isso?

MENINO Além de poeta, sou professor e pesquisador. Como se não bastasse, sou também cronista, contista e romancista.

Aplausos.

JUCÉS Você escreveu um romance inteiro em oito dias, acomodado numa rede?

MENINO Escrevi. Mas não pense que levei só cento e noventa e duas horas para escrever esse romance, porque passei anos pesquisando o folclore brasileiro por todo o país antes de me ajeitar naquela rede na chácara de Pio Lourenço!

Aplausos.

LURDINHA O nome desse livro é *Macunaíma*?

MENINO *Macunaíma, o herói sem nenhum caráter*.

Aplausos.

ZÉ LOSAVO Que competição! Parece que um dos participantes vai ganhar o grande prêmio daqui a pouco!

JUCÉS Opa! Posso dar um lance?

ZÉ LOSAVO Pode, mas... Quando o jogo está na reta final, os dois últimos competidores têm que fazer uma pergunta antes de dar um lance. Você precisa perguntar e ouvir a resposta!

JUCÉS Você é, além de todas as profissões que mencionou, também um outro ista?

MENINO Sou, sim. Eu sou modernista.

LURDINHA Dancei...

ZÉ LOSAVO Dê seu lance, Jucés Anacleto!

JUCÉS O personagem oculto é Oswald de Andrade!

Pausa. Silêncio.

ZÉ LOSAVO Sua resposta está e... e...

Vinheta musical.

ZÉ LOSAVO Errada!

JUCÉS Não é possível...! Ei, espera aí! Eu disse Oswald de Andrade? Oswald?

LURDINHA É, foi isso aí...

MENINO Meu nome não é Oswald.

ZÉ LOSAVO Não mesmo! José Oswald de Sousa Andrade escreveu poemas, romances, críticas. Nasceu em São Paulo. Mas não era afrodescendente.

JUCÉS Eu sei disso tudo, eu só me confundi com os nomes!

ZÉ LOSAVO Fique conosco, Jucés, para assistir ao final da competição, porque Lurdinha Darlene ainda precisa fazer uma pergunta e dar o lance certo para ganhar o grande prêmio.

LURDINHA Lá vou eu! Você cria e organiza, junto com seu amigo Oswald de Andrade, um dos grandes auês da cultura brasileira do século 20, a Semana de Arte Moderna?

MENINO Sim. Foram seis dias muito intensos. O Teatro Municipal de São Paulo nunca mais foi o mesmo, São Paulo nunca mais foi a mesma, a arte brasileira nunca mais foi a mesma. E nós, artistas brasileiros, começamos a nos tornar menos europeus e mais... brasileiros!

Aplausos.

ZÉ LOSAVO Chegamos ao final da competição. Muito bem, Lurdinha Darlene, diga para nós...

MENINO Quem serei eu?

Vinheta musical.

LURDINHA Mário de Andrade!

ZÉ LOSAVO Sua resposta está e... e... exata!

Aplausos.

ZÉ LOSAVO Formidável! Parabéns! Você ganhou o grande prêmio! A identidade secreta de hoje é Mário Raul de Moraes Andrade!

LURDINHA Ê!

ZÉ LOSAVO Muito obrigado pela presença e não deixe de assistir ao próximo...

Vinheta musical.

TODOS *Quem Serei Eu?*

MARIA LENK,
UM PEIXE DENTRO D'ÁGUA[8]

Dois dias antes desta entrevista, no dia 13 de janeiro de 2007, o Parque Aquático dos Jogos Pan-Americanos de 2007 passou oficialmente, por decreto do prefeito, a se chamar Parque Aquático Maria Lenk.

MUITAS VEZES A PRIMEIRA

ENTREVISTADOR A senhora foi a primeira mulher sul-americana a competir em Olimpíadas?

MARIA LENK Comecei com dezessete anos. Foi nos Jogos Olímpicos de 1932, em Los Angeles. Mas parece que foi ontem!

Risos.

ENTREVISTADOR A senhora foi também a primeira brasileira — e até hoje, a única — a quebrar dois recordes individuais, nos duzentos e nos quatrocentos metros nado peito.

MARIA LENK Foi na preparação para os Jogos Olímpicos de Tóquio, em 1939. Foram duas grandes alegrias, seguidas da pior decepção da minha vida.

ENTREVISTADOR Que foi...?

---

8. A entrevista relatada neste capítulo foi inventada pelo autor deste livro, que tomou como base frases ditas por Maria Lenk ao longo de sua vida. As informações que dizem respeito à sua vida pessoal e profissional são verdadeiras.

MARIA LENK Posso responder sobre isso depois?

ENTREVISTADOR Claro.

MARIA LENK É que também parece que foi ontem.

ENTREVISTADOR Eu entendo. Bem, a senhora foi a primeira brasileira a nadar borboleta.

MARIA LENK Depois eu conto como foi que eu aprendi a nadar borboleta. Eu posso garantir que você vai se surpreender.

ENTREVISTADOR Quanto suspense!

Risos.

ENTREVISTADOR A senhora também fez parte da primeira turma feminina formada em educação física no Brasil.

MARIA LENK Em 1938. Mas sabe que os homens não gostavam de atletas? Eu precisei esconder de meu noivo minha paixão pela natação.

ENTREVISTADOR Por quê?

MARIA LENK Se ele soubesse que eu nadava, não casava.

ENTREVISTADOR Que coisa.

MARIA LENK Acredite se quiser.

Risos.

ENTREVISTADOR E a senhora ainda foi quem trouxe o nado sincronizado para cá.

MARIA LENK Não é exagero eu me sentir uma pioneira, você não acha?

Risos.

LONGEVIDADE E ESPORTE

ENTREVISTADOR A senhora completa hoje noventa e dois anos de idade.

MARIA LENK Exatamente. Apesar de não me sentir com essa idade. Foi no dia 15 de janeiro de 1915 que eu vim ao mundo, em São Paulo.

ENTREVISTADOR Pouco antes desta nossa conversa, a senhora nadou mil e quinhentos metros na piscina do Clube de Regatas Flamengo.

MARIA LENK Eu amo nadar.

ENTREVISTADOR Parece até que a senhora se sente melhor dentro d'água que fora.

MARIA LENK Não tenha dúvida disso. Atualmente eu preciso de duas bengalas para andar.

ENTREVISTADOR A senhora se machucou?

MARIA LENK Caí em casa e fraturei as pernas. A natação é o que me mantém viva. Se eu passar um dia sem nadar, fico deprimida.

ENTREVISTADOR Não é à toa que a senhora escreveu um livro chamado *Longevidade e esporte*, lançado em 2003.

MARIA LENK Eu sou a prova viva de que tudo que está escrito lá é verdade.

Risos.

ENTREVISTADOR Então sua experiência foi a base para mostrar nesse livro os benefícios da prática de esportes?

MARIA LENK Foi, mas eu usei também uma pesquisa que fiz durante três anos.

FAMÍLIA DE CAMPEÕES

ENTREVISTADOR Eu já devia ter feito esta pergunta: seu nome completo é...?

MARIA LENK Maria Emma Hulga Lenk Zigler.

ENTREVISTADOR Seus pais eram alemães?

MARIA LENK Pois é. Com um nome desses, eu só podia ser filha de alemães, austríacos ou suíços, não é?

Risos.

MARIA LENK Meus pais, Paul e Rosa Lenk, vieram da Alemanha em 1912, três anos antes de minha irmã e eu nascermos.

ENTREVISTADOR A senhora tinha uma irmã gêmea!

MARIA LENK Ela se chamava Hertha; eu a perdi aos seis meses de idade.

ENTREVISTADOR A senhora acha que, se essa tragédia não tivesse acontecido, ela teria se tornado nadadora também?

MARIA LENK Ah, é bem provável. No mínimo ela seria uma atleta. Nós nascemos em uma família de esportistas campeões.

ENTREVISTADOR Começando por seu pai.

MARIA LENK Meu pai foi campeão de ginástica de aparelhos em São Paulo e queria que a gente fizesse esporte para ficar mais forte. Nosso quintal parecia um ginásio, com barras fixas e argolas.

ENTREVISTADOR Isso não era muito comum nas casas, era?

MARIA LENK Nem um pouco!

Risos.

MARIA LENK Como muitos em nossa comunidade, eu mantinha o costume de fazer exercícios. Acabei virando nadadora, assim como minha irmã caçula, Sieglinde, que também venceu muitas provas. Já meu irmão, Ernesto, foi campeão brasileiro de basquete.

MAIÔ EXCOMUNGADO

ENTREVISTADOR A comunidade alemã era ligada em esportes?

MARIA LENK Havia muito incentivo para a prática de esportes e toda menina alemã ou de família alemã, como eu, fazia ginástica, nadava, cuidava do corpo e da saúde. Mas fora da comunidade tinha muito estranhamento.

ENTREVISTADOR A senhora chegou a sofrer discriminação?

MARIA LENK Quando fui morar em Amparo, interior de São Paulo, já tinha ido a dois Jogos Olímpicos e era famosa, mas fui excomungada pelo bispo local por causa do meu maiô.

ENTREVISTADOR Não acredito!

MARIA LENK Isso aconteceu antes da Segunda Guerra.

ENTREVISTADOR Certo, e eu imagino que os maiôs que a senhora usava não eram nada parecidos com um biquíni fio dental...

MARIA LENK Hoje eu vejo os vestidos das meninas nas ruas e lembro dos meus maiôs daquele tempo.

ENTREVISTADOR Eram grandes?

MARIA LENK Eram enormes! Sem falar que eram feitos de lã, o que não ajudava muito no desempenho. Ainda assim, tinha gente que os considerava indecentes.

ENTREVISTADOR A senhora pode dar um exemplo?

MARIA LENK Certa vez, fui convidada para inaugurar uma piscina em Minas, e os organizadores do evento me fizeram uma exigência: usar um "maiô católico". Como se o meu fosse um pecado!

ENTREVISTADOR E como a senhora foi excomungada pelo bispo de Amparo?

MARIA LENK Foi em 1938. Eu tinha acabado de me formar em educação física, mas não consegui trabalho no Rio nem em São Paulo.

ENTREVISTADOR Como?

MARIA LENK Eu não tinha padrinho, sabe...

ENTREVISTADOR Acho que sei...

MARIA LENK Mudei para Amparo, onde finalmente consegui uma vaga de professora. Ao chegar lá, descobri que não havia piscina pública.

ENTREVISTADOR Que difícil.

MARIA LENK Mas não desanimei e acabei convencendo um clube local a reformar a piscina e motivar as crianças da cidade a nadar. A natação contagiou Amparo e encheu a piscina de gente de todas as idades.

ENTREVISTADOR Que demais! E onde entra o bispo na história?

MARIA LENK O bispo não aguentou ver tanto maiô e calção e me acusou de péssimo exemplo para a sociedade amparense. Uma pecadora. Acabei sendo excomungada.

PEIXE DE ÁGUA DOCE

ENTREVISTADOR Falando em piscina, em qual piscina a senhora nadava quando criança?

MARIA LENK Não existia piscina em São Paulo. Eu nadava no rio Tiête com meu pai.

ENTREVISTADOR É difícil imaginar alguém nadando no Tietê, principalmente uma criança, e levada pelo pai.

MARIA LENK Pois é, o Tietê tinha águas transparentes, era uma delícia no verão.

ENTREVISTADOR Então foi o sr. Paul Lenk que a ensinou a nadar.

MARIA LENK Ele prendia meu maiô num anzol, ficava segurando a vara com uma corda do lado de fora do rio e dizia como eu devia fazer, enquanto desajeitadamente eu batia pernas e braços e bebia muita água.

ENTREVISTADOR Mas que método extravagante, para não dizer insólito ou mesmo... bizarro!

MARIA LENK Mas não foi ele quem inventou esse método. Todas as crianças daquela época aprendiam a nadar assim, presas por uma vara nas margens do Tietê.

ENTREVISTADOR O rio Tietê e a cidade de São Paulo estão muito mudados, não?

MARIA LENK Irreconhecíveis!

ÁGUA VERDADEIRA

MARIA LENK No Tietê foram realizadas competições de remo, que já foi quase tão popular quanto o futebol, e também natação e saltos. Clubes surgiram nas margens do rio.

ENTREVISTADOR A senhora era sócia de algum deles?

MARIA LENK O meu era o Clube Tietê, que tinha uma área delimitada para as crianças darem suas primeiras braçadas.

ENTREVISTADOR Nem todos os clubes tinham áreas especiais para natação?

MARIA LENK Com o tempo, a natação ganhou popularidade e os clubes resolveram criar áreas exclusivas para competições, evitando que os nadadores fossem levados pela correnteza ou atropelados por barcos de remo.

ENTREVISTADOR O que deve ter acontecido algumas vezes...

MARIA LENK Pois é. Mas provas mais longas aconteciam no trecho do rio que atravessava a cidade de São Paulo.

ENTREVISTADOR Tinha alguma mais importante?

MARIA LENK A mais famosa era a Travessia de São Paulo a Nado, criada em 1924 pelo jornalista Cásper Líbero, o mesmo que criaria depois a Corrida de São Silvestre.

ENTREVISTADOR No ano seguinte, 1925.

MARIA LENK E o mais curioso é ver que a São Silvestre ainda está aí, enquanto a travessia precisou ser cancelada porque nadar no Tietê ficou impraticável.

ENTREVISTADOR Por causa da poluição, é claro. A senhora sabe quando isso aconteceu?

MARIA LENK Foi... em 1944.

ENTREVISTADOR Em 1944, o Tietê não fazia mais jus ao nome dele, que em tupi quer dizer "água verdadeira".

MARIA LENK Pois é.

ENTREVISTADOR A senhora chegou a participar da Travessia de São Paulo a Nado?

MARIA LENK Só nos anos 1930, quando ela tinha patrocínio do jornal *A Gazeta* e até rendia fotos no jornal. Como atleta do Clube de Regatas Tietê, venci quatro anos seguidos, de 1932 a 1935.

ENTREVISTADOR Por que parou?

MARIA LENK Eu me mudei de São Paulo. Quem ocupou meu lugar no alto do pódio foi Sieglinde, minha irmã.

ENTREVISTADOR Em que data acontecia essa prova?

MARIA LENK Sempre no último domingo do ano. Milhares de pessoas iam para as margens do rio assistir à prova. Acho que era o maior evento esportivo da cidade. Mas nem tudo era perfeito.

ENTREVISTADOR Por quê?

MARIA LENK Quando chovia, as águas ficavam barrentas e alguns animais mortos passavam boiando. A gente achava tudo normal.

Risos.

ENTREVISTADOR Isso é que é espírito esportivo!

Risos.

MARIA LENK E eu contraí tifo por causa do rio.

ENTREVISTADOR Tifo? É uma doença infecciosa, não é?

MARIA LENK Pois é, transmitida por uma bactéria.

ENTREVISTADOR Quanta disposição!

MARIA LENK Por falar em doença, foi por causa de uma que eu comecei a nadar. Você quer saber como foi?

ENTREVISTADOR Claro, por favor! Finalmente a senhora vai desvendar um dos maiores mistérios desta história!

UM DIA ESPECIAL

MARIA LENK Tive uma pneumonia dupla aos dez anos e meu pai decidiu me ensinar a nadar para fortalecer o pulmão.

ENTREVISTADOR Quando foi isso?

MARIA LENK Ah, em algum dia de 1925. Foi um dia completamente decisivo na minha vida, mas eu não sei o dia nem o mês. Acho que meu pai não sabia que aquela atitude que ele tomou naquele dia ia ser crucial como foi para toda a minha vida.

OLIMPÍADAS DE LOS ANGELES, 1932

ENTREVISTADOR Sete anos depois, a senhora se tornou a primeira sul-americana a participar de uma Olimpíada.

MARIA LENK Eu me destaquei num campeonato interestadual que tinha apenas duas meninas e fui convidada para participar dos Jogos de Los Angeles.

ENTREVISTADOR E a senhora era a única mulher da delegação brasileira.

MARIA LENK Não só isso. Com dezessete anos, eu era a caçula dos oitenta e dois atletas da delegação.

ENTREVISTADOR Quanto tempo durou o percurso para Los Angeles?

MARIA LENK No fim das contas, a viagem durou um mês.

ENTREVISTADOR Tudo isso?

MARIA LENK E eu fiquei todo esse tempo sem treinar. Não fez diferença, porque não sabia mesmo o que era treinamento. Aprendi lá, porque conheci grandes campeãs e vi como elas treinavam.

ENTREVISTADOR A senhora não ganhou medalha.

MARIA LENK Não, meu melhor resultado foi um oitavo lugar nos duzentos metros, nado de peito. Para quem só tinha participado de competições no Tietê e um interestadual, não foi nada mal.

ENTREVISTADOR Não mesmo.

MARIA LENK Mas quando eu voltei, recebi muitas críticas por não ter trazido medalha. A importância de minha participação nos Jogos Olímpicos de Los Angeles só seria reconhecida anos depois.

ENTREVISTADOR Como se a participação de uma mulher brasileira pela primeira vez na competição não tivesse importância!

MARIA LENK As mulheres eram minoria em geral. Nós ficamos todas juntas em um hotel de luxo. Os homens ficaram na Vila Olímpica.

ENTREVISTADOR A primeira da história dos Jogos!

MARIA LENK E nós não voltamos para o Brasil como heróis. As pessoas perguntavam se tinha valido a pena tanto esforço, já que não ganhamos uma medalha sequer. Eu acreditava que sim.

OLIMPÍADAS DE BERLIM, 1936

ENTREVISTADOR Quatro anos depois, tudo foi mais fácil.

MARIA LENK Nem tudo foi da maneira ideal.

ENTREVISTADOR A senhora foi mais uma vez de navio.

MARIA LENK Fomos para a Alemanha de cargueiro, o *General Artigas*.

ENTREVISTADOR Dessa vez, a senhora não era a única mulher.

MARIA LENK Não. Éramos seis mulheres na delegação.

ENTREVISTADOR E a senhora treinou durante a viagem?

MARIA LENK Construíram no convés um tanque que servia de piscina para que a gente pudesse treinar durante a viagem.

ENTREVISTADOR Perfeito!

MARIA LENK Não. O tanque era pequeno e não permitia que déssemos mais de duas braçadas.

ENTREVISTADOR Bem difícil, então...

MARIA LENK Mas não impossível. Nosso técnico, Carlito, teve uma ideia genial.

ENTREVISTADOR Carlito era o apelido de Carlos de Campos Sobrinho?

MARIA LENK Isso mesmo. Ele teve uma ótima ideia: com uma corda, ele amarrava a gente na borda. Assim, eu podia nadar sem sair do lugar. Mas...

ENTREVISTADOR Tinha que ter um "mas"!

MARIA LENK Pois é. As ondas fortes faziam com que eu fosse lançada contra as paredes do tanque e boa parte da água era jogada para fora. Treinar ali era uma aventura.

ENTREVISTADOR E em Berlim seu desempenho foi bem melhor que o de quatro anos antes, em Los Angeles.

MARIA LENK Eu não fui muito bem, não. Infelizmente engordei um bocado por causa das seis refeições diárias do navio e não passei das provas semifinais. Mas...

ENTREVISTADOR Desse "mas" eu gostei!

MARIA LENK Entrei para a história por ser a primeira mulher a nadar borboleta.

ENTREVISTADOR Então chegou a hora de a senhora contar como aprendeu a nadar esse estilo.

MARIA LENK Pois é.

COMO NADAR BORBOLETA

MARIA LENK Aprendi a nadar esse estilo depois de ler uma revista alemã.

ENTREVISTADOR Como é que é? Uma revista?

MARIA LENK Exatamente!

Risos.

ENTREVISTADOR Como assim?

MARIA LENK É que, da mesma forma que meu pai incentivava os exercícios, minha mãe insistia para que a gente aprendesse alemão. Então, ela importava revistas alemãs para que eu e meus irmãos pudéssemos praticar o idioma.

ENTREVISTADOR E em uma revista tinha um artigo chamado "Como nadar borboleta"!?

MARIA LENK Que nada!

Risos.

MARIA LENK Foi numa dessas revistas que fiquei sabendo que o nadador John Higgins criara uma nova maneira de nadar peito.

ENTREVISTADOR O estilo borboleta nasceu assim?

MARIA LENK Na época, o regulamento do nado de peito dizia que os braços tinham que ir simultaneamente da frente para trás e de trás para a frente, mas não dizia se era por dentro ou por fora d'água. E esse campeão, Higgins, tirou vantagem disso e levou os braços por fora d'água, dando origem ao nado borboleta.

ENTREVISTADOR E com essa informação a senhora aprendeu o estilo.

MARIA LENK Eu comecei a fazer a mesma coisa e, então, nos Jogos de Berlim, ele era o único homem e eu a única mulher a nadar o que seria hoje o borboleta.

ENTREVISTADOR Foi uma sensação.

MARIA LENK Como é um estilo difícil, deixava todo mundo impressionado.

ENTREVISTADOR E quais foram os seus resultados finais em Berlim?

MARIA LENK Eu estava pesada e não fui bem nas provas, como era de se esperar. No entanto, pouco antes dos Jogos, bati um recorde mundial nadando borboleta, que infelizmente não foi homologado.

ENTREVISTADOR Por quê?

MARIA LENK Politicagem. A Confederação Brasileira de Desportos não quis reconhecer a marca indicada pela Federação Brasileira de Natação. Mas, em 1939, eu esqueceria essa mágoa ao bater dois recordes mundiais.

ENTREVISTADOR Na preparação para os Jogos de Tóquio.

A MAIOR DECEPÇÃO

MARIA LENK Eu estava me preparando para os Jogos Olímpicos de 1940 e poderia ter vencido, se eles não tivessem sido cancelados.

ENTREVISTADOR Por que foram cancelados?

MARIA LENK A Segunda Guerra acabou com esse sonho. Foi a maior decepção de minha vida.

ENTREVISTADOR A senhora tinha muita chance de ganhar medalhas.

MARIA LENK Sim. Meu tempo nos duzentos metros nado peito foi melhor até que o recorde brasileiro masculino.

ENTREVISTADOR Incrível.

MARIA LENK Por causa dos recordes, ganhei muitas homenagens. Mas nunca me conformei com o cancelamento dos Jogos Olímpicos de Tóquio.

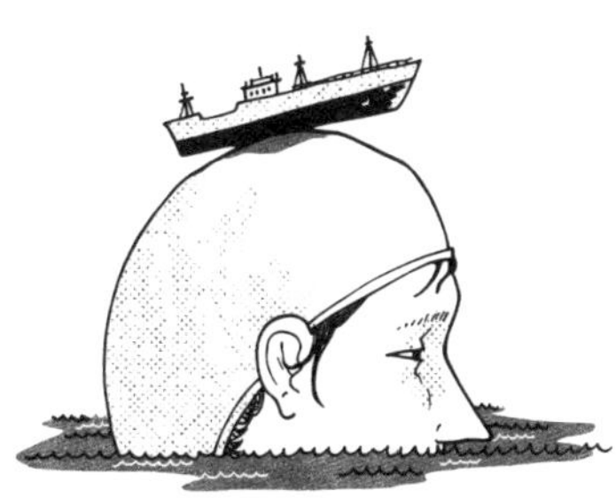

AS DÉCADAS SEGUINTES

ENTREVISTADOR E daí para a frente?

MARIA LENK Encerrei a carreira de atleta, escrevi livros...

ENTREVISTADOR Entre eles, um chamado *Braçadas e abraços*, que é um título ótimo...

MARIA LENK Pois é.

ENTREVISTADOR O que mais?

MARIA LENK Casei e tive um casal de filhos e um neto.

ENTREVISTADOR A senhora está se esquecendo de contar que continuou não só nadando, como ganhando campeonatos.

MARIA LENK Ah, sim, claro.

ENTREVISTADOR A senhora voltou a competir, na categoria Master, e bateu vários recordes mundiais. Além disso, entrou para o hall da fama da Federação Internacional de Natação e recebeu a homenagem Top Ten da entidade máxima desse esporte, por ser uma das dez melhores atletas Master do mundo, considerando desempenhos masculinos e femininos.

MARIA LENK É verdade. E no campeonato mundial da categoria 85-90 anos, que aconteceu em Munique em 2000, eu ganhei o apelido de "Mark Spitz da terceira idade"!

Risos.

ENTREVISTADOR Mark Spitz foi o nadador norte-americano que ganhou sete medalhas de ouro nas Olimpíadas de Munique, em 1972.

MARIA LENK Isso mesmo. E na mesma cidade, eu ganhei cinco medalhas de ouro.

ENTREVISTADOR A senhora continua sendo um "peixe dentro d'água".

MARIA LENK Como eu já disse para você, eu amo nadar. E pretendo fazer meus mil e quinhentos metros todo dia, até o último dia de minha vida!

No dia 16 de abril de 2007, depois de nadar mil e quinhentos metros, Maria Lenk sentiu-se mal e foi levada para um hospital, onde faleceu não muito depois, aos noventa e dois anos de idade.

APÊNDICE 1

MACHADINHO, O ÓRFÃO REJEITADO

Quem conhece a história da literatura brasileira sabe que Machado de Assis foi e continua sendo um escritor muito importante. Várias pessoas acham que ele foi o maior escritor brasileiro do século 19. Muitas o consideram o maior escritor brasileiro de todos os tempos.

Por isso, Joaquim Maria Machado de Assis estava na lista de personagens deste livro. Até algum tempo atrás, a história dele era completamente interessante:

Era uma vez, há muitos e muitos anos, em um império onde reinava d. Pedro II, um menino pobre, feio e doente, mas muito inteligente. Ele era filho de uma portuguesa chamada Maria Leopoldina Machado da Câmara e um mestiço chamado Francisco José de Assis.

O menino tinha a pele bem escura, como a do pai, e nasceu quando ainda existia escravidão no Brasil. A casinha onde morava ficava no morro do Livramento, perto do centro do Rio de Janeiro, que era então a capital do Império.

Apesar de muito pobres, os pais de Machadinho eram alfabetizados. Isso era uma coisa extraordinária naqueles tempos, e provavelmente foi a mãe que ensinou o menino a ler e escrever.

Quando Machadinho tinha seis anos, morreram sua única irmãzinha e sua madrinha, que era rica e muito boa para ele. Quatro anos depois, a mãe do menino morreu também, de tuberculose.

O pai casou-se de novo, com uma mestiça bondosa chamada Maria Inês, que era lavadeira e doceira. Poucos anos depois, morreu o pai do menino, que se mudou com a madrasta para um bairro chamado São Cristóvão.

Que história difícil e bonita, não é? Pena que boa parte dessas informações é falsa. O historiador Gondin da Fonseca fez um trabalho de detetive e descobriu, por exemplo, que o pai de Machado de Assis morreu quando o escritor já tinha vinte e cinco anos. Por essas e outras, o "menino pobre, órfão de pai e mãe, que não podia ir à escola e vendia doces que sua madrasta fazia" não existiu.

Pensando bem, é uma façanha de super-herói o fato de um menino conseguir aprender sozinho a ler e escrever em português, inglês, francês e alemão. Ainda por cima numa época em que não existiam rádio, televisão, computador, internet etc.!

Machado não escreveu sua autobiografia nem pedaços dela. Ninguém escreveu sobre ele na época, porque ele não fazia questão de contar como tinha sido sua infância. Para os amigos íntimos e sua esposa, ele provavelmente contou. Mas nem sua amada Carolina nem seus amigos escreveram sobre o assunto, apesar de muitos serem escritores profissionais.

Mesmo em todos os textos sobre a infância e a adolescência de Machado de Assis que foram escritos antes da pesquisa de Gondin da Fonseca, sempre há, antes de qualquer informação, um "talvez", um "provavelmente", um "ao que tudo indica", um "dizem que"...

Por isso, infelizmente, o pobre órfão doente que enfrentou dificuldades inúmeras e gigantescas, o garoto que era uma mistura de Hércules, Sherlock Holmes, Super-Homem e Saci Pererê e depois se tornou um dos maiores escritores do Brasil, acabou fora deste livro sobre heróis da nossa gente.

Mas mesmo assim, ele é e sempre será considerado um gênio. Carlos Drummond de Andrade, outro autor genial, o apelidou de Bruxo do Cosme Velho.

APÊNDICE 2

CHIQUINHA NO PALCO[9]

Aqui estão algumas indicações, sugestões e observações para a montagem da peça *Chiquinha de trás pra frente.*

PAPÉIS PRA TODO MUNDO

Essa é uma boa peça para ser feita por uma turma grande, porque tem papéis com falas para muita gente. No caso de haver mais meninas que meninos, elas podem fazer alguns dos papéis masculinos. Uma comédia musical não pede realismo.

A própria Chiquinha pode ser interpretada pela mesma atriz, ou por várias, ao longo do espetáculo.

O narrador pode ser feito por um ator ou uma atriz e não precisa, necessariamente, ser feito pela mesma pessoa em todo o espetáculo. É o tipo de personagem que pode mudar de corpo e voz sem dar nó na cabeça do público, desde que seja usado algum signo para caracterizá-lo. O figurino pode ser uma solução.

BEM MAIS SIMPLES

Uma montagem dessa peça certamente pode ser bem mais simples do que é indicado no texto. Ela não foi escrita com a finalidade de ser monta-

---

9. As montagens amadoras da peça que faz parte deste livro estão liberadas, desde que não haja ingressos vendidos. Para montagens profissionais, é preciso entrar em contato com o autor no site www.flaviodesouza.com ou pelo endereço de e-mail flaviodesouza55@gmail.com.

da, e se forem seguidas todas as indicações, a produção não custaria menos de um milhão de euros.

Para contar a história da maneira como ela foi escrita, não é preciso que todos os pianos andem sozinhos pelo palco ou outros delírios de um dramaturgo, que é também diretor de teatro e nunca pôde — nem poderá — contar com tantos recursos, que na verdade não são imprescindíveis.

SEM MÚSICA NÃO DÁ PÉ

Montar a peça sem a música de Chiquinha pode até dar certo, mas pode não dar pé. Afinal, um dos assuntos principais dela é a música que saiu da mente, dos dedos e do coração da compositora.

Então, não é preciso que todas as canções indicadas no texto sejam incluídas no espetáculo, mas pelo menos metade delas já fará a diferença.

BOA OPORTUNIDADE

A montagem do texto é uma boa oportunidade para que as pessoas envolvidas estudem os acontecimentos históricos da época vivida pela Chiquinha, assim como pesquisem sobre as roupas e adereços, a música, o teatro e as artes daquele período.

ÚLTIMAS SUGESTÕES

A melhor maneira de ensaiar essa peça é montá-la na ordem cronológica, depois juntar as cenas como elas estão no texto, ou seja, de trás pra frente.

Para ser engraçado e agradável para o público, um espetáculo precisa ser engraçado e agradável para quem está fazendo. Assim, a figura de um diretor é necessária — afinal, uma orquestra não se apresenta sem maestro — e é preciso haver disciplina dentro do palco e nos bastidores, mas também é necessário que os atores tenham liberdade para interpretar em vez de apenas dizer o texto decorado e obedecer as marcas.

Divirta-se o máximo que puder!

APÊNDICE 3

NOSSOS SETE BRASILEIROS NA LINHA DO TEMPO

1807 (29 de novembro) A bisavó, os avós paternos, o pai e o tio de Pedro de Alcântara fogem de Portugal, que estava para ser invadido pelo exército de Napoleão, e partem para o Brasil.

1808 (7 de março) A família real portuguesa chega ao Rio de Janeiro, onde se instala.

1817 (13 de maio) Os pais de Pedro de Alcântara, d. Pedro e d. Maria Leopoldina, se casam à distância.

1821 (26 de abril) A família real volta definitivamente para Portugal, deixando d. Pedro, o pai de Pedro de Alcântara, como príncipe regente.

1822 (7 de setembro) D. Pedro I declara a independência do Brasil, que deixa de ser colônia de Portugal e torna-se a única monarquia das Américas.

1825 (2 de dezembro) Nasce Pedro de Alcântara, herdeiro do trono do Brasil, futuro d. Pedro II.

1826 (11 de dezembro) Morre a imperatriz d. Leopoldina, mãe de Pedro de Alcântara.

1830 (21 de junho) Nasce Luiz Gonzaga Pinto da Gama, filho da africana livre Luiza Mahin e de um fidalgo português de nome desconhecido, membro de uma das famílias mais ricas de Salvador, Bahia.

1831 (7 de abril) D. Pedro I abdica da coroa do Brasil, deixando de ser imperador. O pai e a madrasta bondosa de D. Pedro II vão para Portugal e nunca mais voltam ao Brasil.

1835 (20 de setembro) Início da Guerra dos Farrapos, conhecida também como Revolução Farroupilha.

1837 (2 de dezembro) É fundado o Colégio D. Pedro, o primeiro colégio de instrução secundária oficial do Brasil, em homenagem ao aniversário de doze anos do imperador menino.

1839 (21 de junho) Nasce, no Rio de Janeiro, Joaquim Maria Machado de Assis, filho do afrodescendente carioca Francisco José de Assis, pintor de paredes e dourador, e Maria Leopoldina Machado de Assis, portuguesa da ilha de São Miguel, no arquipélago de Açores.

1840 (10 de novembro) Aos dez anos, Luiz Gama é vendido como escravo pelo próprio pai a um negociante e contrabandista, o alferes Antônio Pereira Cardoso.

1840 (março) Pedro de Alcântara compra seu equipamento fotográfico, oito meses antes de começar a ser vendido no Brasil.

1841 (18 de julho) Pedro de Alcântara é coroado imperador do Brasil, aos quinze anos. Isso deveria ter acontecido em 1844, quando ele completasse dezoito anos.

1843 (30 de maio) Pedro de Alcântara casa-se por procuração com Teresa Cristina Maria.

1843 (4 de setembro) Cerimônia de casamento, em pessoa, de Pedro de Alcântara e Teresa Cristina.

1845 (1º de março) Fim da Guerra dos Farrapos.

1846 (29 de julho) Nasce, no Rio de Janeiro, princesa Isabel, que em 1888 assina a Lei Áurea.

1847 (17 de outubro) Nasce, no Rio de Janeiro, Francisca Edwiges Neves Gonzaga.

1848 (7 de novembro) Inicia-se, em Olinda, Pernambuco, a Insurreição Praieira.

1850 (4 de setembro) É assinada a Lei Eusébio de Queirós, que proíbe a compra e venda de escravos no Brasil.

1851 Fim da Insurreição Praieira.

1854 É inaugurada no Rio de Janeiro a iluminação pública a gás.

1858 (24 de dezembro) Chiquinha Gonzaga estreia como compositora, apresentando a obra natalina "Canção dos pastores", acompanhada de seu irmão Juca e seu tio e padrinho, o flautista Antônio Eliseu.

1861 (4 de setembro) Estreia a primeira ópera composta por Carlos Gomes, *A noite do castelo*, com imenso sucesso. Por causa dessa obra, o jovem compositor recebeu de d. Pedro II a Ordem Imperial da Rosa.

1862 Fica pronto o palácio de verão de Pedro de Alcântara, em Petrópolis, que hoje é um museu.

1863 Chiquinha Gonzaga se casa, aos dezesseis anos, com Jacinto Ribeiro do Amaral.

1864 (dezembro) Início da Guerra do Paraguai.

1870 Chiquinha Gonzaga separa-se de Jacinto Ribeiro Amaral, após um ultimato de seu marido para que ela escolhesse entre ele e a música.

1870 (março) Fim da Guerra do Paraguai.

1870 (19 de março) Estreia, no Scala de Milão — o teatro de ópera mais importante da Itália e do mundo —, *O guarani*, ópera adaptada do romance de José de Alencar, a ópera mais famosa, composta por Carlos Gomes.

1877 (fevereiro) É publicada a polca "Atraente", o primeiro sucesso como compositora de Chiquinha Gonzaga, quando ela tinha trinta anos.

1881 (13 de maio) Nasce Afonso Henriques de Lima Barreto, no Rio de Janeiro, a capital do Império.

1882 (18 de abril) Nasce José Renato Monteiro Lobato, em Taubaté, São Paulo.

1882 (24 de agosto) Luiz Gama morre, em São Paulo.

1883 Chiquinha Gonzaga compõe sua primeira trilha para teatro, para a peça *Viagem ao Parnaso*, de Artur Azevedo, mas o produtor não aceita que ela assine as canções, por ser mulher. Ele propõe que ela use um pseudônimo masculino, mas ela recusa.

1885 (17 de janeiro) Chiquinha Gonzaga estreia como compositora de teatro, com a opereta *A corte na roça*, com texto de Palhares Ribeiro, no teatro Príncipe Imperial.

1887 (dezembro) Morre a mãe de Lima Barreto, de tuberculose galopante.

1888 Chiquinha Gonzaga apresenta um concerto com cem violões, no teatro São Pedro, no Rio de Janeiro. Foi o primeiro concerto brasileiro com violões. O instrumento era considerado vulgar e impróprio para locais familiares.

1888 (13 de maio) A princesa Isabel assina a Lei Áurea, que acaba com a escravidão no Brasil.

1888 (13 de maio) Em seu aniversário de sete anos, Lima Barreto vai com seu pai ao centro do Rio para aplaudir a princesa Isabel e participar das festas.

1889 (15 de novembro) É proclamada a República no Brasil.

1889 (16 de novembro) D. Pedro II e sua família partem para o exílio na Europa, de madrugada, sem despedidas.

1889 Após a proclamação da República, o pai de Lima Barreto é demitido da Imprensa Nacional, por ser monarquista e ter conseguido o emprego por intermédio do visconde de Ouro Preto.

1891 (5 de dezembro) Pedro de Alcântara, O Magnânimo, morre em Paris, aos sessenta e seis anos.

1893 Monteiro Lobato, aos onze anos, muda seu nome de José Renato para José Bento, para que suas iniciais correspondessem às de seu pai, J. B. M. L., que estavam gravadas no castão da bengala que tinha passado a ser dele.

1893 (9 de outubro) Nasce, em São Paulo, Mário Raul de Moraes Andrade.

1893 Chiquinha Gonzaga recebe ordem de prisão por causa de uma cançoneta composta por ela, "Aperte o botão", por fazer referência favorável à Revolta da Armada, movimento civil e da Marinha contra o governo do presidente Floriano Peixoto. Ela se livra da prisão por interferência de parentes e amigos influentes.

1894 É publicado o primeiro livro para crianças de Armando Figueiredo Pimentel, *Contos da carochinha*, pela Livraria do Povo.

1895 Lima Barreto ingressa no Colégio D. Pedro.

1898 (13 de junho) Morre José Bento Marcondes Lobato, pai de Monteiro Lobato.

1899 Chiquinha Gonzaga compõe a primeira música especial para o Carnaval, "Ô abre alas".

1899 (22 de junho) Morre d. Olímpia Augusta Lobato, mãe de Monteiro Lobato. Seu avô materno, o visconde de Tremembé, assume sua tutela e pouco tempo depois o proíbe de cursar a faculdade de belas-artes e o obriga a cursar direito.

1902 Lima Barreto começa a colaborar com artigos e crônicas para vários jornais.

1904 Mário de Andrade, aos onze anos, faz seu primeiro poema, com palavras inventadas.

1905 Começa a ser publicada a primeira revista brasileira para crianças, a *Tico-tico.*

1908 (28 de março) Monteiro Lobato casa-se com Maria Pureza da Natividade — a Purezinha —, com quem tem quatro filhos: Edgard, Guilherme, Martha e Ruth.

1909 É publicado, em Lisboa, o primeiro romance de Lima Barreto, *Recordações do escrivão Isaías Caminha.*

1911 Começa a ser publicado, no *Jornal do Commercio do Rio de Janeiro*, em capítulos de folhetim, o livro mais importante de Lima Barreto, *O triste fim de Policarpo Quaresma.*

1911 Morre o visconde de Tremembé, avô de Monteiro Lobato, que herda a fazenda Buquira, para onde se muda.

1912 (11 de junho) Estreia o maior sucesso de Chiquinha Gonzaga, a burleta *Forrobodó!*, com texto de Luiz Peixoto e Carlos Bettencourt.

1912 Os pais de Maria Lenk imigram da Alemanha para o Brasil.

1913 (22 de junho) Renato, irmão caçula de Mário de Andrade, morre em decorrência de uma bolada durante um jogo de futebol. O choque e a depressão fazem Mário ficar com as mãos trêmulas e sem comer nem dormir, o que o leva a desistir de ser pianista concertista.

1915 (15 de janeiro) Nasce, em São Paulo, Maria Emma Hulga Lenk Zigler, a nadadora mais importante do Brasil.

1917 É editado o primeiro livro de poesias de Mário de Andrade, *Há uma gota de sangue em cada poema.*

1918 É publicado o primeiro livro de Monteiro Lobato, *O Saci-Pererê: resultado de um inquérito.*

1920 (dezembro) É publicado *A menina do narizinho arrebitado*, primeiro livro infantil de Monteiro Lobato, que teve cinquenta mil exemplares vendidos em menos de nove meses.

1921 Os restos mortais de Pedro de Alcântara são trazidos de volta ao Brasil.

1922 (13 a 18 de fevereiro) Acontece, no Teatro Municipal de São Paulo, a Semana de Arte Moderna, organizada pelos amigos escritores Mário de Andrade e Oswald de Andrade. Seis dias cheios de poemas, críticas de literatura, artes plásticas, música e cinema, além de aplausos e vaias, sendo o ponto de partida para mudanças em todas as artes no Brasil.

1922 (1º de novembro) Morre Lima Barreto, um precursor do modernismo.

1925 Maria Lenk pega pneumonia dupla, e seu pai, aconselhado por um médico, decide ensiná-la a nadar.

1925 Os restos mortais de Pedro de Alcântara são levados a Petrópolis.

1926 (16 a 23 de dezembro) Mário de Andrade escreve, em uma chácara próxima a Araraquara, seu livro mais importante e uma das obras-primas da literatura brasileira, *Macunaíma, o herói sem nenhum caráter*, publicado em 1928.

1931 *A menina do narizinho arrebitado*, primeiro livro infantil de Monteiro Lobato, é publicado, acrescido de mais dez histórias, com o nome *Reinações de Narizinho*.

1932 Maria Lenk, aos dezessete anos, vai para Los Angeles e é a primeira mulher sul-americana a participar dos Jogos Olímpicos.

1936 Maria Lenk participa dos Jogos Olímpicos de Berlim, onde não conquistou medalhas, mas ganhou muita experiência.

1935 (28 de fevereiro) Morre Chiquinha Gonzaga, aos oitenta e sete anos, dois dias antes do primeiro concurso de escolas de samba do Rio de Janeiro.

1938 Maria Lenk faz parte da primeira turma feminina que se forma em educação física no Brasil.

1939 (1º de setembro) Começa a Segunda Guerra Mundial.

1939 Na preparação para os Jogos Olímpicos de Tóquio, Maria Lenk é a primeira brasileira a quebrar dois recordes mundiais de natação. As Olimpíadas de Tóquio são canceladas por causa da guerra, justo quando Maria Lenk está no auge de sua forma física e poderia ganhar medalhas.

1939 Os restos mortais de Pedro de Alcântara são enterrados, quarenta e sete anos após sua morte.

1945 (25 de fevereiro) Morre, em sua casa em São Paulo, Mário de Andrade, aos cinquenta e um anos.

1945 (2 de setembro) Termina a Segunda Guerra Mundial.

1948 (4 de julho) Morre, em São Paulo, Monteiro Lobato, aos sessenta e seis anos de idade.

1952 (3 de junho) Estreia a primeira versão dos livros do Sítio do Picapau Amarelo, de Monteiro Lobato, na TV Tupi de São Paulo, que foi apresentada até 1962, adaptada pela escritora Tatiana Belinky. Os episódios diários eram apresentados ao vivo.

1956 Toda a obra de Lima Barreto é lançada em dezessete volumes, com as obras já publicadas e as inéditas — uma delas é *Os bruzundangas*.

1961 (13 de agosto) Começa a ser erguido o Muro de Berlim, que dividiu a cidade em duas e o país em Alemanha Ocidental (República Democrática Alemã) e Alemanha Oriental (República Federal da Alemanha).

1988 Maria Lenk entra para o hall da fama da Federação Internacional de Natação, homenageada como um dos dez melhores nadadores Master do mundo.

1989 (9 de novembro) Cai o Muro de Berlim.

1992 (abril) Começa a Guerra da Bósnia, nos Bálcãs, onde ficava a Iugoslávia, região onde começaram os conflitos que levaram à Primeira Guerra Mundial.

1995 (dezembro) Termina a Guerra da Bósnia.

2000 (agosto) Maria Lenk participa do campeonato mundial de natação na categoria de oitenta e cinco a noventa anos, em Munique, Alemanha, e ganha cinco medalhas de ouro.

2003 Maria Lenk lança o livro *Longevidade e esporte*, um dos vários escritos por ela.

2007 (13 de janeiro) O Parque Aquático dos Jogos Pan-Americanos do Rio de Janeiro recebe o nome de Parque Aquático Maria Lenk.

2007 (16 de abril) Maria Lenk morre aos noventa e dois anos, no Rio de Janeiro, após sentir-se mal na piscina do clube Flamengo, onde continuava nadando mil e quinhentos metros todas as manhãs.

CRÉDITOS DAS IMAGENS

p. 9: Acervo da Fundação Biblioteca Nacional – Brasil

p. 65: Acervo Chiquinha Gonzaga/ Instituto Moreira Salles

p. 117 e 188: Acervo Iconographia

p. 131: © Monteiro Lobato – Todos os direitos reservados.

p. 150: Coleção Mário de Andrade. Arquivo fotográfico do Acervo do Instituto de Estudos Brasileiros – USP

p. 172: Equipe AE/Estadão Conteúdo

SOBRE O AUTOR

Nasci em 1955 e, quando você estiver lendo este livro, já farei parte da chamada "terceira idade". Mas sinto que tenho, no máximo, a metade desses anos vividos. Escrever sobre a vida de várias pessoas, algumas do nascimento à morte, acelerou um processo que já estava acontecendo: me importo cada vez menos com o que já passou e não temo tanto o que ainda está por vir.

Entrei duas vezes na mesma faculdade, mas não completei nenhum dos cursos. Trabalhei com teatro, cinema, televisão, comerciais e revistas. Fui ator, dramaturgo, diretor, redator, autor roteirista, criador, redator final, ilustrador, tradutor e escritor de histórias em quadrinhos, livros para crianças, adolescentes e adultos.

Como todo artista do Brasil e do mundo, tive uma carreira tipo montanha-russa, com altos e baixos. Fiquei alguns momentos parado, sem saber como pagar o aluguel, as contas, a mensalidade da escola dos filhos... Mas sobrevivi. E continuo na montanha-russa, na maior parte do tempo escrevendo livros.

Certa tarde do início de março de 1961, tive minha primeira aula de artes plásticas e de teatro num curso livre na Fundação Armando Álvares Penteado, em São Paulo. Esse dia determinou tudo o que eu fiz e deixei de fazer até hoje. Descobri o mundo em que queria passar o resto da minha vida. Este foi o meu "antes e depois".

SOBRE O ILUSTRADOR

Nasci em 1975, no interior de São Paulo, e nunca achei que viveria de desenhos. Bem antes de escolher qual carreira seguir, sonhei ser mágico, jogador de basquete, piloto de *bicicross* (hoje chamam de BMX) e só depois, quando assisti a alguns filmes do italiano Federico Fellini, quis ser cineasta. Porém, na hora de decidir que faculdade fazer, fui de rádio e TV. Desenho mesmo, até esse momento, só em margem de caderno.

Fui para São Paulo depois de formado e trabalhei com rádio, internet, assessoria de imprensa e decoração de festa (veja que não existe um momento certo pra decidir o que fazer da vida). Também apresentei um quadro de cultura na TV e fui um dos fundadores da Associação Cultural Gafieiras <www.gafieiras.org.br>, mas acabei voltando para o rádio. Trabalhei como produtor executivo na Eldorado FM por cinco anos. A essa altura, criei um site com umas poucas ilustrações feitas ao longo dos anos e que nunca tinham sido publicadas. A partir daí, alguns convites de trabalho começaram a aparecer, e passei a colaborar com várias revistas.

Meu "antes e depois" aconteceu quando retornei de umas férias em 2008. Percebi que as poucas horas que dedicava ao desenho me davam um prazer e um retorno (com elogios, claro!) que nunca tinha experimentado nas minhas andanças profissionais anteriores. No dia em que voltei ao trabalho, pedi demissão e, desde então, trabalho em casa, praticamente só desenhando ("praticamente" porque também faço parte da equipe de uma rádio online de música brasileira muito legal, que você pode conhecer em: <www.dpot.com.br>).

Este é meu quarto livro publicado. Meus primeiros foram *As invenções de Ivo* e *As falações de Flávio*, escritos por Rogério Trentini e publicados pela Companhia das Letrinhas, e *Viagem para outros tempos* (Liz Editora), de Mouzar Benedito. Para conhecer mais meus trabalhos, acesse:

<www.danielalmeida.art.br>.

1ª EDIÇÃO [2015] 1 reimpressão
2ª EDIÇÃO [2018] 1 reimpressão

ESTA OBRA FOI COMPOSTA POR ACOMTE EM ADOBE GARAMOND
E IMPRESSA PELA RR DONNELLEY EM OFSETE SOBRE PAPEL
ALTA ALVURA DA SUZANO PAPEL E CELULOSE PARA A
EDITORA SCHWARCZ EM SETEMBRO DE 2018

FSC
www.fsc.org
MISTO
Papel produzido a partir de fontes responsáveis
FSC® C101537

A marca FSC® é a garantia de que a madeira utilizada na fabricação do papel deste livro provém de florestas que foram gerenciadas de maneira ambientalmente correta, socialmente justa e economicamente viável, além de outras fontes de origem controlada.